離職率75%、
低賃金の仕事なのに
才能ある若者が殺到する

奇跡の会社

スチューデント・メイドだけが知っている
社員全員で成長する方法

スチューデント・メイド創業者兼CEO
クリステン・ハディード
本荘修二＝監訳　矢羽野薫＝訳

ダイヤモンド社

妹、ローレンへ

親友であり、心の支えであり
最初のビジネスパートナーであるあなたへ。
私を信じてくれたこと
私らしさを貫けと背中を押してくれたことに感謝しています。
人形遊びではいつもケンの役を引き受けてくれたから、
私はバービーになりきることができました。
（イヤだとは言えなかったのよね）

PERMISSION TO SCREW UP
by
Kristen Hadeed

This edition published by arrangement with Portfolio,
an imprint of Penguin Publishing Group, a division of Penguin Random House LLC,
through Tuttle-Mori Agency, Inc., Tokyo

はじめに——日本人が知らない「奇跡の会社」を紹介します

監訳者・本荘　修二

本書の主人公は、フロリダの清掃サービス会社「スチューデント・メイド」の若き女性創業者です。といっても、日本ではほぼ知る人のいない会社です。日本でビジネスをしていないばかりか、全米展開をしているわけでも、株式を上場したわけでもでもない、フロリダ地域の一中小企業にすぎません。そんな会社をなぜ日本で紹介しようとしているか——その理由を少しだけお伝えします。

著者であるスチューデント・メイドの創業者、クリステン・ハディードは、アメリカで最も注目される経営者の1人となっています。ＴＥＤトークは３００万回以上再生され、Ｉｎｃ．誌では、ユニークなリーダーシップで注目される世界のＣＥＯトップ10の1人に選出されています。

スピーカーとしても全米で引っ張りだこで、そのことが彼女自身の仕事上の悩みになるほどだといいます。

いったい、クリステンは何をしたのでしょう？　事業規模ではるかに上回る起業家たちを尻目に、なぜ彼女が注目されているのでしょうか？

理由は二つ挙げられます。

まず、スチューデント・メイドを、〝奇跡の会社〟と呼べるような際立った存在にしたこと。

そして、多くの人々が触発され、学びを得ることができるストーリーを、体裁を気にせず生々しくシェアしたこと。

注目を集める起業家というと、スーパーウーマンのキラキラした成功物語かと思う方がいるかもしれませんが、本書はその真逆を行っています。

スチューデント・メイドは、清掃という地味で儲からない業種で、悪戦苦闘しながら成長してきた会社です。しかも、働いているのは、社名どおり、現役の学生たち。それも、同社が雇うのは成績上位者だけ――起業に際してそう決めてしまったことを、クリステンは「最悪のビジネスモデル」と呼んでいますが、驚くことに、これが人気を博したのです。

いまどきの大学生が、清掃作業に喜んで取り組むなんてありえない。日本でもそうでしょうが、アメリカでもそう思われたようです。けれどもクリステンは、掃除という精神的にも肉体的にもきつい仕事で、ミレニアル世代の優秀な学生たちを魅きつけ、ヤル気満々にしてしまったのです。

そればかりではありません。スチューデント・メイドの学生たちは、感動の顧客ストーリーを生み出していきます。
まさに奇跡の会社――。

本書には、ど素人といってもよいレベルの大学生が、困難な業界で、知恵もカネも後ろ盾もなく行き当たりばったりで起業して、そこからもがいて這い上がり、キラリと輝く会社をつくっていった軌跡が記されています。それも格好つけずに、隠すことなく。まずは、そのストーリーを楽しんでお読みください。クリステン、そしてスチューデント・メイドのメンバーたちのナマの体験と、そこから得た教訓がシェアされていきます。

特に、貪欲に学ぶクリステンの姿勢には圧倒されるでしょう。人との関わり方をはじめ、誰もが悩む根源的な課題に対して、自分がいかに考え行動すべきかを問い、学びの実践を繰り返すクリステンのストーリーは、さまざまな読者にとって刺激になるでしょう。

私は、起業家のメンターや大企業のアドバイザーを務めていますが、本書はそうした企業のリーダーの方々にお勧めしたい1冊です。さらに、人材や組織の課題に取り組む方々など、幅広いビジネスパーソンの役に立つ実践的な知恵がたくさん並んでいます。

就職や転職、働き方に悩んでいる人にとっても、本書はきっと役に立つでしょう。働くことを通じたコミュニケーションや、会社というコミュニティの存在意義などについて、視野を広げられるはずです。

本書から気づきを得たり、問題意識を高めたり、みなさんそれぞれの成長にプラスになれば幸いです。

それでは、リーダーシップの権威であるベストセラー作家、サイモン・シネックによる序文に続き、クリステンとスチューデント・メイドの起伏に満ちた旅路に、お付き合いください。エキサイティングな体験になること間違いなしです。

最後に、日本でまったく知られていない会社の本を訳出するにあたり、原稿に目を通してさまざまなコメントをくださった、起業家を中心とした友人全員にお礼を申し上げます。その何人かは、本書で得たことをいち早く実行に移しています。これから読むみなさんも、どうぞ実践にお役立てください。

序文——私たちがスチューデント・メイドの物語を読むべき理由

サイモン・シネック
（『ＷＨＹから始めよ！』『リーダーは最後に食べなさい』の著者。いずれも日本経済新聞出版社刊）

あごを上げて。笑顔。背筋を伸ばす。

これはバレエの基本であり、完璧さを醸し出す芸術の技だ。そして、観客は完璧さを鑑賞する。完璧なライン。完璧な型。完璧な動き。すべてが……完璧だ。

ただし、完璧さの裏側では、まるで違う光景が繰り広げられている。バレエの現実は完璧とは程遠く、完璧という幻想をつくり出すための代償はきわめて大きい。体中が痛み、爪先はつぶれ、摂食障害に身体醜形障害。

しかも、バレリーナとして手にした成功は長続きしない。多くの踊り手は、ケガや肉体的な消耗から30代で引退する。完璧さは短期的な戦略なのだ。それはビジネスの世界の真理でもある。

多くのリーダーは、完璧さを、高品質なパフォーマンスと高品質なサービスの鍵と考える。しかし、それでうまくいったとしても、長続きはしないだろう。常に完璧さを要求していると、バレエのように代償が大きくなる。

自分は完璧だとアピールする人をどう思う？

ビジネスが払う代償は、パフォーマンスとイノベーションと安定性だ。完璧さを強く要求するリーダーは、部下を燃え尽きさせる。チームのメンバーは支え合うのではなく競い合い、自分で責任を取ろうとせずに非難しあう。アイデアは共有されることなく、各自がため込む。成功事例はチーム内に広めるものではなく、自分だけのものだ。

完璧さが要求される環境では、メンバーは競争相手なのだ。リーダーも部下も能力の差を隠し、失敗をごまかし、疑いや不安といった感情を抑え込む。これは強靭な組織を築くアプローチではない。

残念ながら、完璧さは現代社会では当たり前になっている。写真をソーシャルメディアでシェアする前に修正し、フィルターをかけて、自分の毎日を「完璧」に見せなければならない。

組織も個人と同じくらい影響を受けやすい。多くの企業は、絶対に信頼できると思われるために、あらゆる努力を惜しまない。スキャンダルや世間の怒りを浴びて経営陣が間違いを認めざるを得なくなるまで、一度下された決定は常に正しいのだ。

フォルクスワーゲンのディーゼルエンジンの排ガス不正問題や、ユナイテッド航空が航空券を購入している乗客を引きずり降ろした騒動を覚えているだろう。これらの企業の経営者は、世間のとてつもない怒りに直面してようやく、自分たちが間違っていたことを認めた。

完璧さは強い願望であり、理想であり、達成不可能な目標だ。自分は完璧だとアピールし、自分の仕事や判断はすべて完璧だと主張する人は、まったく信用できない。例えば採用面接なら、自分はすべてに優れていると胸を張る人より、「Aは得意分野ですが、Bについては手助けをお願いしたいと思っています」と言える人のほうが、はるかに信頼できるだろう。

完璧さは型から作られ、あるいは組み立てラインから生み出される。物事の自然な状態ではないのだ。そして、実に皮肉なことに、私たちは人の手で作られたものを、機械で作られたものより高く評価する。機械で作られたもののほうがはるかに……完璧なのだが。それなのに、なぜ多くのリーダーは、部下や自分が完璧ではないことを受け入れないのだろうか。

弱さは隠さなくていい

私たちの欠点は、私たちを愛おしい存在にする。私たちの不規則さは、私たちをユニークな存在にする。人間は完璧ではないから美しいのだ。

もちろん、向上心を忘れてはならない。しかし、自分の最善を追求することと、自分は完璧だと主張することとは、大きく異なる。前者は自己実現を目指す旅であり、後者は自分にも他人にもウソをつくということだ。完璧さを強要するのではなく、自然なままで最大の力を発揮できるように促したときに本当の成功が生まれることを、優れたリーダーは知っている。

だからこそ、クリステン・ハディードの本を読んでほしい。彼女は起業を通じて、失敗することの価値だけでなく、不完全さの価値を学んだ。

働く人々が、自分は完璧でなくてもかまわないと思える、そういうカルチャーを彼女は築いた。完璧でなくてもかまわないと思えることとは、弱さを隠さなくても大丈夫だと思えることだ。そのカルチャーが彼女の会社スチューデント・メイドの成功の推進力となり、革新的かつ生産的で、信頼できる協力的なスタッフを育ててきた。

「弱さを隠さない」という表現は、経営や起業の指南書というより、自己啓発本のアドバイスのように聞こえるだろう。しかし、ここで言う「弱さ」とは、仕事中にいつも泣き言をこぼすという意味ではない。

弱さを隠さなくていい企業カルチャーとは、「この仕事を自分ひとりでこなすことは、できそうにありません。助けが必要です」とはっきり言える、という意味だ。そのような会社で働く人は、自分の弱さや不安を認めても屈辱を受けることはないと思える。そして会社は、例えば必要な研修や訓練を提供する。

上司の部屋に行って「大失敗をしました」と打ち明けてもクビにはならないし、昇進や評価に響くだろうと心配する必要もない。とはいえ、現実には私たちの大多数にとって、仕事で弱さを認めることは最もありえないことだ。完璧さ（あるいは完璧に見せること）こそ、ほとんどの場合、雇用と昇進を守るための最善の選択肢になっている。

間違いを犯しても、弱さや不完全さをさらしても、安心できるカルチャーを築くことは簡単ではないが、それがリーダーシップというものだ。リーダーシップとは、人々を監督することではない。自分が率いる人々を労わり、彼らを安心させることだ。

世界的なCEOがクリステンの言葉に耳を傾ける

本書は、リーダーになるとはどういう意味かを語っている。驚くべきは、クリステンが若くしてその意味を見出したことだ。彼女はIT業界の億万長者ではない。彼女が立ち上げた会社はユニコーン（評価額が10億ドルを超える非上場のベンチャー企業）でもない。彼女の成功は伝説や夢物語の類ではなく、彼女の世代の多くにとっては標準的な成功にすぎない。

しかし、彼女の物語は、より人間味がある。より達成可能な成功だ。一発当てるというより、敬意と忠誠心と優れたチームワークを刺激するためにやるべきことの物語だ。起業のガイドブックとして私たちが読んできた数多くの本より、はるかに信頼できる物語なのだ。

私は数年前に、リーダーが集まる会合でクリステン・ハディードと同席した。当日、彼女は最年少だった。出席者の大半は財界の有力者で、売上高数億ドルの企業を経営していた。そして、人を大切にするリーダーシップを信条とする優れたCEOばかりだった。

誰かのスピーチが始まると、みな敬意を表して耳を傾けた。しかしクリステンが壇上に立つと、全員がメモを取り始めるではないか。圧巻の光景だった。先生が生徒になったのだ。

クリステンは聡明で謙虚なリーダーだ。自分には学ぶべきことがまだたくさんあると理解している。だからこそ、私たちは彼女の言葉を聞きたいと思うのだろう。励まされるあの笑顔で、失敗してもかまわないと言ってくれるから。

奇跡の会社

◉目次

はじめに――日本人が知らない「奇跡の会社」を紹介します　本荘　修二

序文――私たちが、スチューデント・メイドの物語を読むべき理由　サイモン・シネック

第1章

ザ・45の惨事――まだ、何もわかっていなかった私の原点　019

第2章

シェパーズパイは緊急事態を知らせる秘密の暗号

第3章 パソコンの向こうからの冷たい声よ、さようなら 101

第4章 破ってもいいルール、破ってはいけないルール 159

第5章 支え合う人間関係がつくるもの

第6章 私たちが立っている1本のライン

終章

最後の失敗の告白

第1章

ザ・45の惨事

まだ、何もわかっていなかった私の原点

◉衝撃的すぎた原体験

気温38度。フロリダの夏は焼けるように暑い。

私はエアコンの利いたおしゃれなクラブハウスのど真ん中で、快適なアームチェアに座っていた。アパートメントの住人たちがビリヤードに興じたり、テレビでフットボールを観戦したりしている。私はフェイスブックをチェックして、友人とチャットで夜の予定を相談しながら、目の前の壁に掛かっている大きな時計を数秒おきに確認した。

3時。うまくいっているかな――。

アパートメントの本棟では私と同じ大学生60人が、住人が退去したばかりの数百室を掃除している。全員、ここ数週間で雇ったスタッフたちだ。仕事はかなりきつい。トイレのブラシに手を触れたことさえない、典型的な男子大学生（とゴキブリ）が住んでいた部屋もある。おまけにアパートメントの電気系統がメンテナンス中で使用できず、新米の上司（つまり、私）は水を飲む休憩時間のことさえ頭になかった。

作業の確認に行くかどうか迷ったが、思いとどまった。清掃の仕事がどんなものか、彼らはわかっているはずだ。次の住人が入居するのは3週間後だから、そこまで急ぐ必要もない。それに、何かあればいつでも呼びに来るようにと言ってあった。

私はテーブルに足を上げ、耳にイヤホンを差し、すべて順調だと自分に言い聞かせた。続きは言うまでもない。状況が悪化するまでに時間はかからなかった。

実際、かなり悪くなっていた。

45人が、同時に……

数時間後、私は相変わらずアームチェアに座り、すべて順調だと自画自賛していた。今日の作業時間は残り半分を切ったが、一つも問題は起きていなかった（少なくとも、誰からも、何の報告もなかった）。

デリバリーで届いたばかりのシーザーサラダを頬張ろうとしたその瞬間、クラブハウスのドアが勢いよく開き、スタッフが縦一列でなだれ込んできた。数人どころではない。フォークを口に運びかけた私の目の前に、60人のスタッフのうち45人が並んでいた。

一瞬、作業が終わったのだろうと思った。その朝に指示した作業量を考えたら、驚くようなペースだ。しかし、彼らの顔は「そうじゃない」と言っていた。

私の姿を見て、全員が険しい顔つきになった。シャワーを浴びたばかりの私は、髪をきれいに整え、丁寧に化粧をしていた。

やけに深刻そうだけど、いったいどうしたのだろう？

「調子はどう？」私は雰囲気を明るくしようと、陽気に話しかけた。

沈黙。

全員がぐいぐいと近づいてくる。私はたじろいだ。彼らの顔には汗が吹き出ていた。腕や顔の大きな油染みは、オーブンを掃除したときについたのだろう。体臭と冷蔵庫のカビ臭さが入り混じったにおいを放っていることは想像するまでもなかった。

「わかった、シャワーを浴びるのが待ちきれないのね！」私はおそるおそる冗談を言った。誰か1人でも微笑んでくれたらと祈りながら。

さらに沈黙。

どうなっているの？

すると彼らは何かをささやき合い、1人の学生の背中を押した。「早く！」と聞こえた気がした。

こうして、私の人生で最も屈辱的な30秒が始まった。

女子学生がゆっくり前に出て、私と目を合わせないようにしながら言った。

「私たち、辞めます」

私はフォークを落としそうになった。待って……えっ？……。

返事をする間もなかった。45人が同時に回れ右をして、掃除機やバケツを引きずりながら、二重ガラスの大きなドアの向こうに消えた。

45人が辞めた。

同時に。

私のチームの75％だ。

あの瞬間から、私はより良いリーダーになることにこだわり続けている。

より良いリーダーになるための旅

大学に通いながら清掃会社を立ち上げたときは、こんな経験をするとは思いもしなかった。大学生の私が大学生だけを雇い――リーダーシップの経験がないに等しいミレニアル世代が、共同作業が苦手で長続きしないことで知られるミレニアル世代を雇い――骨の折れる汚い肉体労働をさせるのだ。汚れがこびりついたトイレを磨いて、カビだらけの浴槽をこすらなければならない。でも、どういうわけか、私は簡単にできると思っていた。簡単だ、と。

もちろん、簡単なはずがなかった。**私は起業の基本も、ハウスクリーニングが魅力の乏しい業**

界だということも知らなかった。45人が立ち去ったあの日は、私がリーダーとして直面する数々の試練の前触れにすぎなかった。壁は高くなる一方だった。それでも時間と忍耐とたくさんの失敗を重ねながら、私はようやく、不意の試練にも立ち向かう心構えを学んだ。

この本は、あの屈辱的な夏の1日から現在の私にたどり着くまでの、真実だが不完全な物語だ。人々が働きたいと思う会社を築く物語だ。ミレニアル世代が他人の汚れ仕事を引き受けながら、誠実かつ生産的に働き、自信を持てるようになる会社の物語だ。

まずは、私がなぜクラブハウスに座っていたのか、そこから説明しよう。自分が会社を立ち上げることになるとは、考えたこともなかった。

◉投資銀行に就職するはずが……

フロリダ大学に進学した私は、2年目にファイナンス（金融学）を専攻した。なぜ金融を選んだのか。求人サイトのモンスター・ドット・コムで給料が高い仕事を調べると、当時は投資銀行がトップだったのだ。卒業したらマンハッタンに行って、ウォール街で就職しよう。初任給は最低でも年俸10万ドルだ。

一方で、大半の大学生と同じように、私にはお金がなかった。奨学金はもらっていたが、生活費はぎりぎりだった。そんな私がある日、ショッピングモールで99ドルのジーンズに一目惚れした（そもそも19歳の私にデザイナーズ・ジーンズは分不相応だったのだが）。

私は父に電話をかけ、娘のファッションの緊急事態を助けてくれないかと頼んだ。ノーと言われることはわかっていた（父が着ている服を見れば、彼にとってファッションが緊急事態になりえないとわかる）。そして、私がいちばん言われたくないことを父は言った――アルバイトをしなさい。

1本のジーンズを買うためにアルバイトをするのは、さすがにやり過ぎだと思った。私にとって大学生活は、社会に出て生涯働くことになる前に、大いに楽しむための時間だった。奨学金で最低限の費用はまかなっていた。条件が多くて時間の融通がきかないアルバイトをして、試験勉強（とフットボール観戦）に影響が出るのはいやだ。そうなると、自分で手っ取り早く稼ぐしかなかった。

この**「とにかくやってみる」起業家精神は、私にとって当たり前のことでもあった。**初めて個人事業主になったのは6歳のとき。「ベビーシッターをやります」と近所に言って回った（私こそ、子守りが必要な年齢だった）。小学校1年生のときには、エルマーの接着剤で作った付け爪をクラスメイトに売った。「ガールズクラブ」を結成したこともある。入会金は5ドル。13カ条の会則を決めて（第7条は『言うことをきく』）、最後に「みんなのリーダー、クリステン」と署名した。

まさに友情の契りだ。
とはいえ、今さら接着剤の付け爪を売るわけにもいかない。そこで最初に思い浮かんだ現実的なビジネスが、清掃だった。憧れのジーンズを買える金額を1回で稼ぐには、うってつけの仕事だろう。あのジーンズがはけるなら、他人の浴槽を磨くくらい何でもない。

フロリダ大学の学生がお掃除します

私はコミュニティサイトのクレイグズリストに、1回限定で清掃を引き受ける広告を出した。

ハウスクリーニングをお探しですか？
どこにも負けないサービスとお値段
フロリダ大学の学生が1軒丸ごと99ドル（税別）できれいにします。逮捕歴、前科なし。品行方正。毎学期、学部長表彰。GPA3・8。すぐにうかがいます。

GPA（成績平均値）は端数を切り上げておいた。
広告を出した月曜日のうちに、問い合わせのメールが来た。仕事を持つ多忙な母親で、夫は出張中。犬2匹、子供2人、370平米の散らかった家が1軒。私の推薦者の連絡先と、掃除用具を持参するかどうかを教えてほしい、と書かれていた。

推薦者？　そうね……。

「以前のクライアント」として、おばと、当時の恋人の名前と電話番号を伝えた。幸い、彼女は2人に連絡しなかった。

掃除用具を持参するか？　たぶんあるだろう……。

台所の流しの下をのぞくと、窓ガラス用の洗剤とスポンジが1個あった。トイレブラシも自分のものを使えばいい（オエッ）。

必要なものはそろった。

最も早く行ける日はいつかと聞かれ、翌週の水曜日の午後に決まった。住所を教わって、準備万端だ。

◉初めてのハウスクリーニング

本番の前夜は友人の21歳のバースデー・パーティーだった。ベッドに入る前から、翌朝はすっきり目が覚めないだろうとわかっていた。アラームを数回やり過ごし、予定を変更しようかと迷ったが、あのジーンズが頭に思い浮かんだ途端にベッドから起き上がった。

約束の時間ちょうどに、車寄せに滑り込んだ。

うわっ、大きな家！

私は掃除用具を入れた小さな袋を手に車を降り、玄関のベルを鳴らした。

「いらっしゃい！」勢いよくドアが開き、私に飛びつこうとした2匹の犬の首輪を女性がつかんだ。馬かと思うほど大きかった。生きたまま食べられるのかと思った。「大丈夫よ！　何もしないから！　さあ、どうぞ」

私は家の中に入った。ここ、サウナ？

「暑くてごめんなさい。エアコンが壊れているの」

頭がくらくらしてきた。すでに汗がしたたり落ちている。私たちは台所に向かった。彼女は犬をペット用ゲートに入れて鍵をかけたが、チワワでも逃げられそうな柵だった。

「掃除用具はここに置いて」。彼女はダイニングルームを指さした。「まだ車から持ってくるんでしょう？　でも、あまり時間がないの。家の中を案内してから取りに行ってもらえる？」

「もちろんです！」

まだ車から持ってくる？　これで全部よ。でも、きっと、大丈夫……。

「ここがキッチン。知っていると思うけれど、必ずガラストップ・コンロ専用のものを使ってちょうだい」

私は知らなかった。

ハウスクリーニングについて、私は知らないことだらけだった。

ベッドはすべてホスピタルコーナーに？　メインの浴室の白カビを取る？　白カビってどんな感じ？

彼女は部屋を順番に案内しながら次々に指示を出したが、私はすでに取り残されていた。この仕事を無事に終えることはできないだろう。

「さてと、これで全部よ。何か質問は？」

「大丈夫だと思います！」

「よかった。もうオフィスに戻らないと。時間はどのくらいかかりそう？　それに合わせて子供たちを連れて帰ってきたいから」

ええと、370平米だから……。

「2時間でしょうか」。そんなところだろう。

「すごい！　手際がいいのね！」彼女は大声で言いながら玄関を出た。「何か困ったら、連絡をちょうだい！」

2時間のはずが7時間

私は女の子の部屋から取りかかった。床を埋め尽くしていたバービー人形を片づけ、磁器の人形が並ぶ三つの棚を慎重に拭き終えた時点で、1時間が経過していた。

急がないと終わらない。私は家中を回って洗濯物を集め、洗濯機に入るだけ詰め込むと台所に向かった。

ガラストップ・コンロは専用のものを……窓ガラス用の洗剤でいいのかな？　それなら持っている。うまくいくかしら？

30分後、ノーブランドの窓ガラス用洗剤ではうまくいかないことがわかった。油のはねた跡がいたるところに残っていた。半分近くの部屋を整頓して、台所をそれなりにきれいにしたところで、制限時間の2時間になった。

どうしてこんなに時間がかかるのだろう。犬にまで評価されている気がした。

私は意を決して電話をかけ、もう1時間かかりそうだと申し出た。彼女はかまわないと言ったが、そろそろ子供たちと帰宅するとも言った。

1時間後、彼女の車が家の前に止まった。私はまだ掃除をしていた。

結局、7時間近くかかった。彼女が子供たちの夕食を作り、風呂に入れて、寝かしつける間も、私はずっと掃除をしていた。頭がズキズキして、エアコンはきかず、窓ガラス用洗剤とスポンジと、使いかけのトイレブラシしかなかったが、なんとか家中を終えた。

まあまあの仕上がりに思えた。素晴らしくはないけれど、掃除をする前よりはましだ。私は報酬を受け取って帰宅した。

これで終わり、のはずだった。

しかし、始まりにすぎなかった。

◉予想外の依頼殺到

翌日、新しいジーンズを抱えて意気揚々とショッピングモールを出てから2時間後、おかしなことが起きた。あの女性から電話がかかってきたのだ。

シャンプーのボトルで隠した白カビが見つかったのかもしれないと不安になり、留守番電話にした（そう、私はミレニアル世代だ）。しかし、苦情の電話ではなかった。留守番電話には次のようなメッセージが残されていた。

「こんにちは、クリステン！　調子はどう？　これから毎週お願いできないかと思って連絡したの。お願いできると助かるわ」

1回限りのつもりだったし、あの仕事で2回目があるとは想像すらできなかったが、毎週99ドルの臨時収入はありがたかった。毎週水曜日に、彼女の家を掃除することになった。

彼女は自宅の掃除用具を使わせてくれたうえ、どんなやり方が好みかを教えてくれた。**私は犬と仲良くなり、ガラストップ・コンロの謎も解けた（台所の流しの下にある『ガラストップ・コンロ用クリーナー』を使うのだ）。しだいに掃除が楽しくなってきた。**

やがて、彼女は友人たちに私の話をして、友人がそのまた友人に話した。おまけに、**私はクレイグズリストの投稿を削除しそびれたままだった。毎朝、目が覚めると、数人から依頼のメールが届いていた。**

奇妙な依頼もあった。SMのプレイグラウンドを掃除できるかと聞かれたときは、どのような場所かわからなかったので引き受けた。現地に着いてすぐに、SMのプレイグラウンドを掃除しに来たのではないと気がついた。

こんなメールもあった。

クリステンへ

掃除のときは何を着ますか？　セックスを誘っているわけではないから誤解しないで。ただ、掃除のときに着るちょっとみだらな服を持っていて、それを着たいのなら、詳しく相談しませんか。1人か2人、友達を連れてきてもかまいません。連絡待っています。

私はすぐに断った。新しいジーンズをもう1本、どうしても欲しいわけではなかった。

仲間が必要だ！

気味の悪い話ばかりだったわけではない。**クライアントは徐々に増えて、かなりの金額を稼ぐようになった。ただし、体はくたくただった。授業の前も後も、週末も、ひたすら掃除をした。手助けが必要だった。**

少し前の私と同じように金欠の友人も何人かいたが、断られた（SM男の話をするべきではなかった）。そこで、フェイスブックに求人広告を投稿した。「好きな時間に、手っ取り早く稼げます」。こうして私は初めて人を雇った。

ケイシーはフロリダ大学の2年生で、農業教育とコミュニケーションを学んでいた。月に約300ドル必要だと言う。問い合わせのメールには、こんなふうに書き添えられていた。「期待に応えられると思います。私は信頼できて、責任感があって、清潔です。忙し過ぎる授業の合間にできる仕事を探していました」

私はケイシーに、最低賃金から始めて、仕事ぶりに合わせて昇給すると説明した。そういうやり方があると、オンラインかどこかで読んだ。

頼もしい相棒

2人で初めて訪問したクライアントは、控えめに言っても、忘れることなどできない経験だった。家に入った瞬間、放し飼いの動物園に来たのかと思った。うさぎが跳ね回り、亀が廊下を横断している。犬が吠え、猫が鳴き、アヒルがよたよたと歩き、動物の糞が転がっていた。大量の糞が、いたるところに。

さらに、赤ん坊が床を這いずり回っていた。人間の赤ん坊だ。

とんでもないにおいだった。壁紙からべとべとした黒い液体がにじみ出ていた（あとでタバコのヤニだとわかった）。台所に入り、黒っぽいカウンターらしきところに片手を置くと同時に、無数のミバエが宙を舞った。実は白いカウンターだった。ケイシーを見ると、彼女も顔が青ざめていた。

私は車から掃除用具を取ってくるとクライアントに声をかけ、ケイシーに手で合図をした。

２人で玄関の外に出て、咳き込みながら深呼吸をした。そして顔を見合わせ、同時に言った。

「帰ろう」

私たちは車に乗って急発進させた。ケイシーはそのまま辞めるだろうと思ったが、**彼女は意外なことを口にした――州の児童保護局に通報しないと。私は児童保護局に電話をかけてから、クライアントに通報したことを伝えた。**

私はケイシーが気に入った。彼女は怖いもの知らずだった。

大型契約がやってきた

仕事は順調に増えた。ケイシーは週３００ドルよりはるかに稼いだ。２、３カ月もすると定期的に通うクライアントが８件に増えて、私たちは週５日近く一緒に掃除をした。その後も依頼は増え続け、より多くの仕事を引き受けられるように２人で分担した。

さらに手助けが必要になり、数人の学生を雇った。そろそろ私は掃除をしなくていいだろうと思った。次々に来る依頼に対応して、スタッフのスケジュールを管理しながら、顧客を増やす努力をするのだ。ちょうど夏休み前だったから、学生は自由になる時間が大幅に増えて、今のうちに稼ぎたいと申し出る人もいた。私も憧れのマンハッタンのアパートメントで暮らす日のために、少しでも貯金をしたかった。

さっそく清掃サービスのちらしを作り、街中の学生用アパートメントに配った。管理事務所に掲示してもらえば、それを見た住人が頼んでくるだろうと考えたのだ。

最初に訪れたアパートメントには、私の友人も何人か住んでいた。管理人のマイケルにちらしを見せて、2枚ほど掲示してもらえることになり、料金が安いと驚かれた。家に帰ってチラシを——新しい料金で——作り直そうと考えていたとき、マイケルが言った。「ちょっと待って、いい話がある」

「夏は3週間くらいのうちに、ほとんどの学生が引っ越すんだ。次の人が入居する前に、部屋をすべて掃除する。時間が限られているから、引き受ける清掃会社がなかなか見つからない。**人を集められるなら、君のところに頼んでもいいよ**」

きょうはラッキーデーだ。

「メールしてくれ。契約の相談をする日を決めよう」

私は彼の名刺を握り締めて車に乗り込み、窓を全開にして、音楽を大音響で鳴らしながら帰宅した。人生最高の夏になりそうだ。

たしかに最高の夏だった……しばらくは。

◉再び、ザ・45の危機の場面

「元」従業員の最後の1人が出て行き、クラブハウスのガラスのドアが閉まった。アームチェアに取り残された私は呆然としていた。何が起きたのか、すぐには理解できなかった。

最初の衝撃が落ち着くと、いろいろな考えが駆け巡った。私が何かまずいことをしたのだろうか？　仕事のきつさを正しく説明していなかった？　様子を見に行くべきだった？

自信喪失は、やがて怒りに昇華した。私は部屋をぐるぐる歩き回った。

働くと約束したくせに、何もかも放り出して辞めるって、どういうつもり？　給料を払うのは私よ。彼らじゃなくてもよかったんだから。やりたくないなら、最初に言えばいいでしょう？

しかし、問題の本当の大きさに気がついたとき、怒りはパニックに変わった。**数百室を清掃する契約を結んでいて、まだ数十室しか終わっていない。総勢60人のチームで始めたが、残ったのは15人。15人で、すべての部屋を、3週間でシミひとつなく磨き上げなければならない。**

涙が出てきた。どうすればいいのだろう。両親に電話をかけようかと思ったが、心配させたくなかった。クライアントに連絡して、間に合いそうにないと伝えようかとも考えたが、評判を落としたくなかった。

残された道は二つ。新しく45人を集めるか（今も多くの大学生が夏休みのアルバイトを探しているから可能だろうが、時間がかかり過ぎる）、あるいは、出て行った45人を追いかけて、もう一度チャンスをくれと説得するかだ。

追いすがるスキルは誰も教えてくれなかった

後者のほうが早いだろう。私には時間がなかった。

私はクラブハウスを出て、残りの15人を探した。彼らは一斉退職の計画を聞いていなかったようだ。もっとも、私が彼らを見つけたときは悲しそうな顔をしていて、やはり仕事を楽しんでいるとは思えなかった。

私は事情を説明した。よほど切羽詰まって見えたに違いない。彼らは作業を中断して、45人を連れ戻すために手伝うと申し出てくれた（そのほうが掃除よりはるかにましだと思えたのだろう）。

私たちはアパートの空き部屋に集まった。床の隙間を見つけて座り、あるいはカウンターや窓枠に腰をかけ、45人に1人ずつ電話をして、夜に私の自宅で緊急ミーティングを開くから来てほしいと懇願した。全員を確実に集めるために、その週に働いた分の給料を支払い、ピザも用意すると約束した。大量のピザが必要だった。

数時間後、辞めると宣言した45人と、手分けして電話をかけてくれた15人が、私がシェアしている狭いリビングに集まった。

彼らが座るスペースを見つけて落ち着くのを待つ間、私は廊下を行ったり来たりしていた。とにかく集まってもらおうと必死だったから、実際に全員がそろったら何を話すかまで、頭が回っていなかった。こんなときにどうすればいいか、経営学の授業で教わったことはない。緊張して体が震えた。

謝罪しなければならないことは、わかっていた。でも、何を謝ればいいのだろう。私にしてみれば、ボスとしてやるべきことはやった。仕事を見つけ、人を雇い、彼らが私を必要とするときに備えて近くにいた。しかし、45人に中指を突き立てられたという事実がある以上、明らかに何かが間違っていたのだ。

◉もう一度チャンスをください

心臓が口から飛び出しそうだった。私は満員のリビングルームに入った。ほとんど初対面だった60人は、何が始まるのかまだわかっていなかった。誰かの足を踏まないように気をつけながら、部屋の前方のわずかに空いているスペースに滑り込んだ。そして目を閉じ、深呼吸をして、話し始めた。

「ごめんなさい」。私の声は少し震えていた。

誰も私と目を合わせようとしない。

「マネジメントをするのは、こんな大きなことをやるのは、実は初めてで……どうすればいいのか、よくわかっていないところがあって……」

数人が顔を上げた。話を続けていいというサインだと、思うことにした。

「正直なところ、どうすればいいのかまったくわかりません。怖くてたまらないんです。あのアパートメントをすべて掃除するには、あなたたちの助けがなければできない。全員の、一人ひとりの力が必要なんです」

私がパニック発作を起こしそうなことに、彼らも気がついたのかもしれない。携帯電話から目を離し、私をじっと見つめていた。

しっかり、クリステン。何か言わなくちゃ。

「掃除の仕事は最悪だって、思うときもあります。よくわかります。本当よ、私もやっているから。きつい仕事よね」

数人がクスクスと笑った。クラブハウスでマニキュアを塗り終えたばかりのボスが便器をこする姿を、想像できないのだろう。

「約束します。私は手が汚れても気にしません」。本気なのだと、信じてもらうしかない。「それを証明します。みんなと一緒に掃除をします。あと3週間しかないの。でも、一緒ならできるはず」

部屋は静まり返っていた。

「お願い、もう一度チャンスをください。お願いします」

やがて、誰かが口を開いた。

チームと共に

「いいわよ、クリステン」。カウチのあたりから声がした。「208号室のカビだらけの冷蔵庫をあなたがやるなら、私は戻るわ」

「もちろん」。私は即答した。

ほかにもいくつか、笑顔が見え始めた。

「106号室の真っ黒な換気扇は？　汚れが雨みたいに降ってくる」

「任せて！」

何でもやるという姿勢が通じたのだ。突然、リビングは笑い声に包まれた。台所の床を歯ブラシで磨くなど、冗談めかしたリクエストも飛んできた。私はすべて引き受けた。

「じゃあ、みんな明日は仕事に来てくれるの？」私はにぎやかな声にかき消されないように叫んだ。雰囲気を壊したくなかったが、確認しておかなければならなかった。

「明日まで待つなんて！」誰かが叫び返した。「今夜からやろう！　彼女の気が変わらないうちに！」

私たちはアパートメントに直行した。ほんの数時間前に、彼らが私を置いて出て行った場所に戻ってきた。幸い、リクエストのほとんどは冗談だと言ってくれたが、私は一緒に掃除をするという約束を守った。

それから3週間、私はチームと共に現場に出た。部屋を順番に回り、汗とにおいにまみれ、彼らとハイタッチを交わした（ミネラルウォーターのボトルも手渡した）。朝は早く行って彼らを出迎え、夜は最後まで残り、全員がそれぞれの車に乗ってから私も帰った。

ほぼ毎日、1日18時間ぶっとおしで掃除をした。1人も辞めなかった。そして、予定より早く終わった。

早く終わったのだ。

アパートメントの管理人は、信じられないと思ったに違いない。いたく感心して、来年も私たちに頼むと言った。私は少々儲けが出て、スタッフも十分なお金を手にした。

しかし、**最も誇らしかったのは、45人が戻ってきたことだ。**今振り返れば、あの夏、彼らが一度は私のもとを去ったことに感謝している。「ザ・45」は、私にとって後にも先にも、いちばん大切な教訓を教えてくれた。リーダーシップとは、エアコンの利いたクラブハウスでふんぞり返って座っていることではないのだ。

◉このクレイジーなビジネスを続ける！

アパートメントの仕事が終わったとき、数十人がこれからも働きたいと言った。私もそうしたいと思っていた。このクレイジーなビジネスを続けるために、彼らの力を借りたかった。3週間で彼らと親しくなっていたし、ほかのアルバイトを探せばいいと突き放す勇気はなかった。

しかし、それ以上に、**私はすっかりのめり込んでいた。清掃サービスの経営は、ファイナンスの授業よりはるかにおもしろかった。投資銀行家になって年収10万ドルで好きなだけジーンズを買うより、はるかに満足感があるだろう。**私は4年生の新学期が始まっても、次々に新しい契約を結んだ。

会社を立ち上げることがどれだけ大変なのか、何も知らなかったことは幸運だった。ビジネススクールに「破滅的な起業・基礎編」の授業はない。自分がやろうとしていることを少しでも理解していたら、本気で挑戦しなかったはずだ。

大学に入学したときに、あなたは卒業したらウォール街で働くという夢を捨てて、清掃会社を成長させるという夢を追いかけることになると言われたら、私は笑いながら首を横に振ったことだろう。

そして今は、自分が優秀な投資銀行家になれると、一度でも思っていたことに笑っている。

◉ミレニアル世代と働くということ

2007年にクレイグズリストに広告を出して以来、私の会社は何百人という学生を雇ってきた。

私の仕事について説明すると、たいてい次のような反応が返ってくる。

「ミレニアル世代に、どうやって掃除をさせるのか？」

まるで、Y世代を洗脳する呪文を私が知っているかのような口ぶりだ。FOXやPBS、フォーブスなど大手メディアが私の会社を取り上げるのは、普通ではないからだ。怠惰で無関心と評される世代だけを雇い、きつくて、ときに屈辱的で、単純な仕事をさせている会社が、どのように生き延びているのだろうか、と。

人々が衝撃を受け、その秘密を知りたいと思う理由は、私にもわかる。1982年頃から2000年頃にかけて生まれたミレニアル世代は、アメリカ史上最も人数の多い世代で、2025年には労働人口の75％を占めると見られる。企業にしてみれば、自分たちの成功はミレニアル世代にかかっているのだから、彼らを動かす力を理解したい。

私自身もミレニアル世代だ。私たちが「雇用に適さない」「自意識過剰」というレッテルを貼られていることも承知している。

下積みに興味がなくて、すぐトップに駆け上がれると思っている。顔を見て話そうとせず、小説のように長いメールを送る。批判されるとすねるから、上司は慎重に言葉を選ばなければならない。自分が「インパクト」を与えていると感じられない仕事はさっさと辞めるくせに、どういうインパクトを与えたいのか、具体的に説明できない。私たちミレニアル世代は、そんなふうに思われている。

このようなステレオタイプは、すべて見当違いというわけではない。私の会社にも、そのまま体現している学生がたくさんいる。しかし一方で、ステレオタイプに当てはまらない学生もたくさんいる。ほかの世代も同じだ。

私の会社は最近、17～18歳の高校生を雇うことがある。いわゆるZ世代だ。ときにはベビーブーマーもいる（「学生」が若いとは限らない）。ミレニアル世代と同じように彼らも、自分たちの世代の標本のような人もいれば、そうではない人もいる。

したがって、ミレニアル世代が大多数を占めるチームを率いることは、私が会社を率いるうえで最大の課題ではない。この旅を始めるときに私が理解していなかったことは、世界で最も難しいビジネスモデルを選んだということだ。

清掃ビジネスの避けられないつらさ

まず、私の会社は学生しか雇わない。彼らがミレニアル世代かどうかに関係なく、**学生であるということ自体が大きな障害になる。**授業や課外活動、インターンシップ、春休みに集中する「急病」などを調整してスケジュールを組まなければならない。さらに、年度末のたびに集団離脱が起きる。大学を卒業したら、私たちのチームからも卒業するからだ。

次に、清掃という仕事の性質がある。私たちのチームは週7日、住宅やオフィス、学校、コンドミニアム、診療所、ジム、フラタニティ（友愛会）のハウスなど、ありとあらゆる場所を、ときには夜まで掃除する。**清掃は、特別に魅力的な仕事でも、楽しい仕事でもない**。他人の汚れをせっせとこすることは不快にほかならず、肉体的に疲弊することは言うまでもない。

しかも、**高い賃金で人を集めようにも、清掃会社の粗利率は平均15%だ。私の会社も最低賃金をかろうじて上回る程度しか出せない**。ショッピングモールでカフェラテを作り、流行の服を売るほうが、学生は簡単に、もっと多く稼げる（どちらも清掃よりはるかに魅力的な仕事だろう）。**清掃業界の離職率が75%であることも、私に言わせれば驚くまでもない。100人雇ったら1年以内に75人が辞める計算だ**。

さらに、**清掃業界はクライアントの定着率が低い傾向にある**。標準的な会社は、仕事の質が悪いという理由で、毎年55%の顧客を失う。この数字を克服するためには、従業員の教育に多大な投資をする必要があるが、多くの会社はそこまで余裕がない（何しろ粗利率は15%だ）。

◉この仕事が好きだから

この業界をわざわざ選んで、あるいは喜んで、参入する人がいるのだろうか。

でも、私はこの仕事を選んだ。

会社を率いることは苦しい戦いだ。10年以上が経った今も毎日のように、自分がまだすべてを理解していない気がしている。

でも、私は今もこの仕事をしている。

あらゆる世代の人が、私たちと働きたいとやって来る。

私たちの学生は、自分の仕事が大好きだ。私たちと働くことが楽し過ぎて、もっと給料の高いチャンスを断り、腰を据えて会社の成長を手助けしてくれる人もいる。

私たちの職場はリーダーを育てる。多くのメンバーが、一緒に働き始めたときには持っていなかったスキルと自信を身につけて、自分で会社を立ち上げ、あるいは期待を良い意味で裏切る職場に採用される。

私たちが満足しているから、私たちの顧客も満足している。カネをかけて宣伝する必要もない。すべては、私が重ねてきたとんでもない数の失敗のおかげだ。

このような環境を一晩のうちに作り出すコツなど知らない。しかし、ちょっとした障害にぶつかっても、私は圧倒的な成功につなげてきた。ザ・45に見捨てられたあのときも、その後にリーダーとしてさまざまな失敗をしたときも、そのたびに私は新しいことを教わり、その積み重ねが現在のスチューデント・メイドをつくった。

この本では、あの夏のクラブハウス以降、私が苦労して学んだリーダーシップの教訓を伝えたい。私が正しかったことではなく、間違っていたことについての物語だ。私が散らかした混乱と、それをどのように掃除したかという物語だ。

これは、より良いリーダーになりたい人のための本だ。業界や職種や地位は関係ない。若い人も、そうではない人も、仕事がどんなに大変でも、あなたの働く環境が最悪だとしても、リーダーになりたいという人に読んでほしい。

私の物語を読んで、失敗することを――たくさん失敗することを――恐れないようになってほしい。間違いが最良のレッスンになるときもある。何よりも、いちばん苦しいときも前に進み続けられるように、あなたの背中を押したい。逃げ出したいと思ったときも、前を向けるように。

45人があなたを見捨てようと決めたときでも。

［第1章の失敗から学んだこと］

- ▼45人が一度に辞めるような経験をすると、良いリーダーになろうと本気で思える。
- ▼「とにかくやってみる」起業家精神。
- ▼期待していないのに眠っていたニーズが掘り起こされて、クライアントが増えることがある。

▼どう謝罪すればいいのかわからないとき、非を認め、ダメな自分をさらけ出せば、理解してもらえることがある。
▼本気なのだと、信じてもらうしかない。
▼最も誇らしかったのは、45人が戻ってきてくれたこと。
▼会社を立ち上げることが、どれほど大変なのか、何も知らなかった。
▼企業が扱いに困っているミレニアル世代にも、きつい仕事が好きになる学生たちがたくさんいる。
▼スチューデント・メイドはリーダーを育てる。学生たちはスキルと自信を身につける。
▼始めた後に知ったことだが、清掃サービスはつらいビジネスだ。でも、私はこの仕事が大好きだ。

第2章

シェパーズパイは緊急事態を知らせる秘密の暗号

◉真夜中の大事件

電話が鳴っている。午前2時だ。

私はナイトテーブルの上の電話をつかんだ。画面に男子学生の名前が表示されていた。

こんな時間にどうしたの？

「もしもし？」私はルームメイトたちを起こさないように小声で応えた。彼女たちは廊下の奥で熟睡していた。

「給料を上げてもらえたのですか？」

勘弁してよ。夜中に起こして、給料を上げたか、ですって？

「え？　いいえ」。私はボソボソとつぶやいた。頭がぼーっとしていて、少し戸惑っていた。「その、あなたは優秀で、よくできるけど、でも昇給はしていない。どうしてそんなことを？」

「うーん、いつもどおりなら給料は200ドルだけど、僕の口座に2000ドル振り込まれているんです」

私は一発で目が覚めた。

「ええーっ！」と叫び声を上げ、文字どおりベッドから飛び降りた。ルームメイトたちも目が覚めてしまっただろう。

たしかに給料日だった。

私は折り返し連絡をすると伝え、暗がりの中で必死にノートパソコンを探した。見つけたと同時にふたを開け、少しでも早く立ち上げようと、意味もなく力を込めてキーボードをたたいた。数秒後（数年に感じた）、銀行のサイトにログインした。大した問題ではありませんように。

ウソ！　ウソ！　ウソよっ！

会社の当座預金の残高が、あるべき金額より数万ドル足りなかった。

何、これ⁉――どうしよう。

最も可能性が高い理由が思い浮かんだ。心臓がドキドキしていた。私は給料支払いシステムにログインして、最新の取り引き記録を確認した。私の疑いは正しかった。人事部門でインターンをしているリジーが、とてつもないミスをしていたのだ。

とてつもなかった。

◉給料の支払いは失敗してはいけない

リジーは私が初めて迎えたインターンだ。

私はフロリダ大学のアントレプレナーシップの授業に招かれて、会社を立ち上げたときの経験を披露した。その後、授業に出ていたリジーからメールが来て、履修単位になる無給のインターンを募集していないかと聞かれた。もちろん募集していると、私は答えた（無給！ 金欠の起業家にはうれしい響きだ）。

リジーはイギリスから来た交換留学生で、アメリカにいる1年間に、人事部門で実践的な経験を積みたいと思っていた。このうえないタイミングだった。**その春に大学を卒業した私は、すべてを会社につぎ込んでいた。**

起業支援のインキュベーターで借りたスペースの家賃は月96・07ドル。自宅のリビングを仕事場にしていた私にとって、初めて構えるオフィスだった。家賃を払ったうえにアシスタントを雇う余裕はなかったが、誰か手伝ってくれる人が必要だった。私はリジーの条件をすべて受け入れるつもりだった。

インターンを迎えること自体もうれしかった。インキュベーターのコ・ワーキング・スペースには、私と同じように起業したばかりか準備中の人々がいて、彼らの多くはすでにインターンを採用していた。リジーと一緒にオフィスに出勤したとき、私はようやく仲間に入れた気がした（彼女が話すイギリス風のアクセントも、私の自慢だった）。

最初の数週間で、人事について私が知っているすべてをリジーに教えた（それほど多くはなかった）。私が読んだ本をすべて渡し、採用面接では私の隣に座らせた。私よりはるかに知識がある専門家から学べるように、セミナーにもいくつか出席させた。

彼女に初めて任せた仕事は、従業員規則をまとめることだ。完成したハンドブックの表紙をめくると、1行目にこう書かれていた。「このハンドブックは、指針や手続きなど、かなり退屈な情報を伝えるものです。読んでいて眠くならないように努力します。うまくいきますように！」

私は彼女のやり方が気に入った。

どんな仕事も、彼女は私の期待をはるかに超えた。もっと任せても大丈夫だろうと思った。そこで、人事で最も重要な仕事をやってみないかと提案した。給料の支払いだ。彼女は目を見開いた。「会社全体ということですか？」

大きな責任を伴う仕事だ。私も給料支払いシステムのサイトで「実行」をクリックするたびに、手が汗ばんだ。1クリックで大金が動く。そして、**給料の支払いは、経営者が失敗してはならないことの一つだ。**

それでもリジーに任せてみようと決めた。支払い手続きには毎週、私の貴重な時間を奪われていた。その時間で新しい契約を取ってくることもできるだろう。リジーにとっても重要な実践の機会となり、履歴書に輝かしい1行が加わる。私は彼女に支払いシステムの使い方を教え、一緒に何回か練習した。もう大丈夫だと思ったところで、残りを任せた。

数日後、私は午前2時にノートパソコンの前に座っていた。動悸が止まらなかった。

◉リジーの失敗は私の責任

寝室の床に座り込み、暗がりで支払い記録に目をこらして間違いを探した。リジーは金額の合計を時間の欄に記入していた。例えば、200ドルを支払う人に200時間分の給料を払っていたのだ。27人の学生に払い過ぎた総額は4万ドルだった。

4万ドル！　信じられない。会社の当座預金には、そこまで大きなミスをする余裕はなかった。27人全員が臨時収入を全額使ってしまったら、資金不足に陥る。ほぼ倒産だ。どうすればいいのか、私はわからなかった（最後は精神的に参ってしまい、カウンセリングに駆け込むのだろうとは想像がついたけれど）。

私はリジーに電話をかけた。できるだけ早く事態を収拾しなければならなかった。

「もしもし？　クリステン？」寝ぼけたような声が聞こえた。

「遅くにごめんなさい。でも、大きな問題が起きているの」

私はおそらくパニック発作を起こしかけていたが、話を聞いたリジーはそれ以上に取り乱した。電話越しに彼女の不安が伝わってきた。彼女はすぐに自分の責任だと理解して、ひたすら謝った。私は彼女を落ち着かせようと声をかけ、2人で何とかしようと言った。

数分間あれこれ相談した後、リジーが言った。

「今すぐ全員にメールを送信しましょう。ミスについて説明して、振り込みを取り消すまでお金を使わないでほしいと頼みましょう」。簡単だが堅実な方法だった。

午前2時に電話をかけてきた男子学生から順番に、私とリジーは手分けして27人全員にメールを送信した（『お金は使わないでください！』というフレーズを何回もタイプしたことを思い出すと、今も親指が痛くなる）。続いて、給料支払い代行会社の担当者に連絡した。午前3時だったが、担当の女性は奇跡的に電話に出てくれた。今すぐできることは何もないが、朝になって出勤したらできるだけ早く対策を確認して、リジーに連絡すると言われた。

危機から生まれた誇り

メールと電話の連続で目が冴えてしまった私は、夜明けとともにインキュベーターのオフィスに向かった。

驚いたことに、ドアの前にリジーが座っていた。彼女も眠れなかったのだ。

彼女は担当者からの連絡を待つつもりはなかった。午前9時ちょうどに代行会社に電話をかけ、最新の状況を確認した。振り込み手続きをすべて取り消すことは可能だが、最大で7営業日かかるという。リジーは27人に再び電話をかけ、状況を説明して念を押した。

あとは待つしかなかった。

ひたすら待った。

それからの日々は、控えめに言っても、頭がどうにかなりそうだった。お金が戻ってこなければ、会社が存続できるかどうかもおぼつかない。学生たちがスクーターを買い、札束を手に街へ繰り出す悪夢にうなされた。リジーも同じ悪夢を見ていたに違いない。

1日1日があまりに長かった。そして数日後、世界でいちばんうれしいニュースが届いた。すべての振り込み手続きを取り消すことができ、払い過ぎた分が口座に返金されたのだ。1セント残らず。私はようやく息をついた。

代行会社からの電話を終えて、私はリジーのもとに駆け寄り、彼女をぎゅっと抱き締めた。私たちは抱き合ったまま飛び跳ねた。**危機を乗り越えた彼女を誇りに思うと、私は言った。彼女も誇りに思っていることは、笑顔を見ればわかった。**

2週間後、次の給料支払いの時期を迎えた。リジーは、私が自分でやりたいのではないかと聞いた。

「どうして私が？　あなたの仕事よ」

彼女は二度と給料支払いでミスをしなかった。

◉私の信条が生まれた瞬間

当時は理解していなかったが、給料支払いの混乱の収拾をリジーに任せたことは、リーダーシップに関する私の信条の要となった。**人を信じて大きな責任を託し、失敗する余地を残しておき、自分のミスは自分で取り戻す機会を与えれば、彼らはそこから学ぶ。**

これは、経営学の授業で学んだ哲学ではない。リーダーシップに関する書籍で読んだわけでもない。そもそも哲学ではない。父から教わったことだ。

父の愛を疑ったことは一度もないが、ときどき、父は私が苦しむ姿を楽しんでいるに違いないと思っていた。私がどんなに苦しみもがいても――今思えば大した問題ではないが、子供にとっては深刻だった――手を差し伸べてくれなかったことが何回かあった。例えば、高校時代に微積分の宿題がさっぱり理解できず、父のところに行って、代わりに解いてくれないかと頼んだ（父は数学が得意だ）。

「答えを教えるつもりはないよ」

「パパ、お願い。間違えたら成績が下がっちゃう！」

父は動じなかった。

「自分でやりなさい。私が代わりに解いたら、微積分がわからないいままだよ？　きっと後でパパに感謝するはずだ」

いまはわかる。父が正しかった。

教科書を読み直して、何がわからないのかをはっきりさせなさいと、父は言った。そして、翌日は授業の前に教師のもとへ行き、わからないところを教えてくださいと頼むんだ、と。私にしてみれば最も気が進まないことだったが、どうしようもなかった。父親は、娘にとって最善のことは何かを知っているものだ。

私は理解できなかったところを教師に詳しく説明してもらい、宿題を自分で解くことができた。

年度末の成績はクラスでもトップに近かった。

ほかにもさまざまな場面で、「自分の問題は自分で解決する」という父の教えを実践した。私と妹が幼いころは母がすぐに手伝ってくれることも多かったが、その母もしだいに父の方針を受け入れるようになった。

成長するにつれて私が直面する問題は大きくなり、父の厳しい愛情はさらに厳しくなった。

◉父の厳し過ぎる愛

私が会社を設立したことを両親が知った日は、私が初めて自分で車のリース契約を結んだ日でもある。

大学に通いながら副業を始めたことは、両親には報告していなかった。とくに母が反対することはわかっていた。最初に相談していたら、学校が忙しいのに無理だと言われただろう。私も清掃会社を立ち上げたとはいえ、短期間のつもりだった。当時はまだ、ニューヨークに出て働くことを夢見ていた。

ある週末、私はゲインズビルに来た父と自動車販売店に行った。高校時代から乗っていた車が故障したため、下取りに出して新しい車を契約しなければならなかった。父は連帯保証人が必要だと主張し、私はもう必要ないとわかっていたが、実際に行って確かめるしかない。販売店の担当者が差し出したリースの契約書に、次のような欄があった。

勤務先（　　　　　　　）

私は迷った。隣に父が座っている。本当のことを書けば大騒ぎになるだろう。今このタイミングで、私の会社について父に報告したくなかった。空欄にしようかとも思ったが、車を契約できなくなる。それは困る。私はどうしても車が必要だった。

一か八かだ。

「自営業」。私は誇らしげに大文字で書いた。

その横に、さらに大きな字で続けた。「スチューデント・メイド・ブリゲード」

担当者は私のクレジット情報を確認しに行き、リース契約は承認された（金利は高めだったが、とにかく承認された）。

弁護士パパの尋問

父は矢継ぎ早に質問した。ベテラン弁護士だから尋問はお手のものだ。

「スチューデント・メイド・ブリゲードとは何だ?」

「何件くらい掃除をしている?」

「ちょっと待て、従業員がいるのか?」

「いつからやっている?」

「法人化はしていないんだな? そうなんだね?」

「クリステン・ケリー・ハディード、今すぐ答えたまえ」

新しい車を運転して帰宅したが、楽しいドライブではなかった。父にずっと小言を言われ、母も携帯電話のスピーカー通話で参戦した。父の最大の懸念は、私が正式に法人を設立して責任負担義務に備えていないことだった(そんな用語を経営学の授業で聞いたような記憶はあった)。

その夜遅く、父からメールが来た。法人登記サイトのリンク先が記されていて、すぐに手続きを進めたほうがいいとも書かれていた。そして、弁護士らしい脅迫めいた助言が添えられていた。

「最後にひとつ。法人登記をする前に、商標権を侵害していないか確認したほうがいいだろう。ほかの会社の名前を真似れば、重大な結果になりかねない」

最後の助言は必要なさそうだと思った。スチューデント・メイド・ブリゲードに少しでも似ている名前を会社につける人が、私以外にもいる確率は？　0％。間違いない。

初めての銀行融資

数日後、私は父に教わったリンク先をクリックした。所定のフォームに会社の名前と私の住所を記入し、管理人の欄に父の名前をタイプして、フロリダ州に約150ドルを支払う手続きをした。これで「スチューデント・メイド・ブリゲード」社が正式に誕生した。

その後まもなく、街中のアパートメントにちらしを配っていた私は、例の学生用アパートメントで管理人のマイケルに会い、夏休みに1棟丸ごと清掃することになった。この大仕事を引き受けるために必要なのは、労働力だけではなかった。洗剤やスプレー、雑巾、スポンジ、掃除機などの清掃用具や、制服も用意しなければならない。

お金はなかったが、両親に借金を頼むほど私も愚かではなかった（99ドルのジーンズを買ってくれなかったのだから）。そうなると銀行から借りるしかない。

しかし、銀行は両親より手ごわかった。何回も同じ理由で断られた。

「まだ学生でしょう？」

「そもそも、どうして掃除の会社を？」

「あなたには経験が足りない」

「事業計画書は？」

経験？　事業計画書？　本気で言っているの？　私たちはモップで床を磨くだけ。NASA（米航空宇宙局）の試作品を開発するわけじゃない。

とはいえ、事業計画書を見たいと言うなら渡しておこう。問題がないと納得してもらえばいい。私は「事業計画書の作り方」という章がある教科書を探し、草案を作って、大学のアントレプレナーシップ担当のロッシ教授に見せた。教授の助言を聞いて修正し、合格点をもらうと、再び銀行を訪ねて回った。

しかし、またしても却下された。今度は融資の担保が十分ではないと言う。落胆したが、誰かが少しでも融資してくれるまであきらめるつもりはなかった。

私は実家に帰り、パットを訪ねた。16歳のとき、初めて自分の口座を作った銀行の担当者だ。私たちの歴史を考えれば、少なくも最後まで話を聞いてくれるだろう。

期待したとおりだった。パットは事業計画に感心しただけでなく、数百室の学生用アパートメントの契約を決めたことも評価した。そして、私のガッツを認め、1万ドルの融資枠を設定すると言った。希望金額の5分の1だったが、ゼロよりいいに決まっている。私は融資を受けることに決めた。

◉融資ゲットを寿司で祝う

数日後、銀行口座を確認すると、1万ドルの入金が記録されていた。私は数字から目が離せなかった。父からはもう一つ、漠然とした助言――融資の金は賢く使いなさい――が届いたが、右の耳から左の耳へと抜けた。1万ドル！　全部使いきれるだろうか。大金持ちだ！

思い出すだけでも恥ずかしいのだが、1万ドルが振り込まれて私が最初にしたことは、友人に電話をかけまくることだった。**ダウンタウンでいちばんおいしい寿司レストランに集合！**　その夜、1万ドルの融資から寿司と酒に1000ドルを払った。

私への融資だ。会社のための。

残りの9000ドルは責任を持って使わなければならない。それから数週間をかけて、寿司やジーンズではなく、洗剤やスプレーボトルや名刺を買った。どれも責任を伴う出費だ。車用のマグネット式ステッカーやドリンクホルダー、マグカップ、ペンなど、ロゴ入りの宣伝用グッズも注文した。

この手のものは、本来なら、9000ドルで会社を立ち上げると同時に買うべきではない。9000ドルを賢く使うということは、会計士を雇い、保険に加入して、従業員に給料を払うための現金も少し残しておく、という意味だ(「申し訳ないけれど今は給料を払えない。代わりに会社のロゴ入りのマグカップはどう?」とはいかない)。

ともあれ、忙しい夏休みが始まる2、3週間前には、やるべきことは残り二つとなった。マイケルと会って契約書にサインすることと、もっと多くの学生を雇うことだ。

◉連邦商標登録に違反しています

いよいよマイケルと会う数日前、私はファイナンスの授業を聞きながら、金利や年金保険の話に集中しているふりをして、1年後にニューヨークで働く自分を想像していた。ふと携帯電話の画面に目をやると、メールが届いていた。授業中は携帯電話の使用は厳禁だったが、ミレニアル世代の私は、机の下でこっそり確認せずにいられなかった。

ハディード 様

当方はハウスクリーニング会社「メイド・ブリゲード」の国際フランチャイズ本部の代理人です。貴殿が「スチューデント・メイド・ブリゲード」の名前で事業を行っていることを確認しましたが、明らかに連邦商標登録に違反しています。メイド・ブリゲードを社名として使用することと、いかなる事業であれこの名前で行うことを、速やかに中止することを要請します。

私は胃が痛くなった。

どうしてこんなことに？　きっと何かの間違いだ。動揺しながら荷物をまとめ、急用で帰宅すると教授に言った。教室を出ると同時に、父に電話をかけて問題のメールを読み上げた。

私はすすり泣きながら、本当に商標登録違反かどうか調べてほしいと父に懇願した。何か抜け穴があるかもしれないと思ったのだ。自分で解決しなさいと言われることはわかっていたが、それでも今回だけは、お説教をした後に助けてくれないだろうか。メールの弁護士に連絡して、すべて片づけておくと言ってくれないだろうか。

現実は甘くなかった。

懇願への返事は沈黙だった。そして父が言った。「商標登録を調べなさいと、メールに書いたはずだ」

警告を無視すれば商標登録違反で訴えられて、数千ドルの罰金を科されるおそれもあると、父は続けた。そんなお金は持っていなかった。父はさらに、私がやるべきことを理解できるように法律を詳しく説明したが、これからどうするかは私が決めることだ、とも言った。要するに、メイド・ブリゲードの弁護士に私が自分で連絡するのだ。自分で対処すればいろいろなことを学べると、父は言った。

私は憤慨した。父親が、まさに専門家である弁護士が、自分で何とかしなさいと言うなんて。うっかりミスなのに、そんなふうにあしらわれるなんて。わざとやったわけじゃない。私が父のクライアントだったら、父はメイド・ブリゲードの弁護士に連絡を取るだろう。自分の娘を助けてくれてもいいのに。

スチューデント・メイドの誕生

大学から自宅に戻るまでずっと、涙が止まらなかった。それから2日間、どのように返事をすればいいか考えた。そして、メイド・ブリゲードの弁護士にメールを返信し、私は大学生で、すべてをゼロからやり直す時間もお金もありませんと説明した。そこまでする必要はないと言ってくれる、かもしれないと祈りながら。

弁護士からの返信には、私に選択の余地はないと（丁寧な表現で）書かれていた。直ちに社名の使用を中止して、あらゆるものからロゴを削除するしかない。融資の大半を使って買ったばかりのものを、ほぼすべて捨てるということだ（幸運にも、相手の弁護士はとても親切だった。ブランチさん、もしこれを読んでいたらお礼を言わせてください）。

1万ドルを手に有頂天だった私に残されたのは、掃除機が数台と、洗剤のボトルが数本だけ。会社の名前もなくなった。寿司と酒に1000ドルも散財した自分を呪った。あの1000ドルが今すぐ必要なのに。

自分を奮い立たせる気力も尽きかけたが、顔を上げるしかなかった。夏休みはすぐそこだ。大きな仕事が待っている。泣き言は終わり。自分ではまった泥沼から、自分で抜け出すことだけを考えよう。

まずは新しい名前が必要だ。社名がなければ、マイケルと契約を結ぶことができない。しかし、いくら考えても浮かんでこなかった。マイケルと会う約束まで1時間を切り、車を運転していた私は赤信号で止まった。そのとき、ふとひらめいた。

どうして気がつかなかったんだろう！　最後の「ブリゲード」を取ればいい！

スチューデント・メイド。

完璧だ。誰の権利も侵害していないことを確認した。2回、確認した。

◉まだ若いことは承知しています

私はアパートメントの管理会社の駐車場に車を停めた。いよいよマイケルと会い、契約書にサインするのだ。指定された会議室の入り口に着いたとき、私は思わず立ち止まった。会議室は満員だった。少なくとも50人か、もっといただろう。

部屋を間違えた。

そう思ったとき、マイケルの姿が見えた。私を手招きしていた。

会議室にいたのは清掃会社の経営者たちだった。マイケルが管理しているアパートメントを所有する会社は、市内でほかにも数十の物件を持っていて、清掃の契約が集中する夏休みを前に業者が集められたのだ。数カ月前にマイケルから渡された資料にも、そう書いてあった。しかし、私は資料を読もうとせず、まだ決まっていない契約のために融資の契約を結んだ。父の「講義」が聞こえてくる気がした。

会議室の前方に、マイケルを含む20人くらいの管理人が立っていた。出席者は彼らの前に並び、1人ずつに挨拶して売り込みを始めた。まさにやり手のビジネスマンだ。全員が名刺を持っている。私は明らかに最年少で、最も経験が少なかった。名刺さえなかった。商標登録をめぐるちょっとしたいざこざの結果、作った名刺はすべて廃棄していた。

私以外の全員が商談をしている間、私は部屋の隅に隠れていた。明らかに場違いだった。みんなも気がついていた。誰も何も言わなかったが、会議室に入ってきた私を見たときの視線が、すべてを物語っていた。秘密の出口から消えていなくなりたいと思ったが、それは許されない。私には借金があり、ここから逃げるわけにはいかなかった。

深呼吸をした。今、この部屋で唯一、頼りにできるのは私自身だ。自分にはできると信じるしかない。ここにいる人たちに、私の会社と契約するべきだと思わせるのだ。融資を決めてくれたパットは、私にはガッツがあると言った。どこかにガッツがあるはずだ。

クリステン、あなたならできる。

私は背筋を伸ばし、会議室の前方へと歩いた。1時間前に駐車場で変更した会社の名前を、間違えずに言えますように。

「まだ若いことは承知していますが、仕事はできます」。私は管理人たちに挨拶をした。1人ずつ握手をするたびに、少しずつ自信がついた（汗もおさまってきた）。「チャンスをいただければ、必ずお応えします」

9人がチャンスをくれた。

◉父の教えをチームに伝える

数週間後、クラブハウスの心地よいアームチェアに座り、シーザーサラダを食べようとしていた私の前に、45人が現れた。両親に助けを求めたいと心から思ったが、そうはしなかった。

今は、すべて父の計画どおりだったと理解できる。父はいつも私のそばにいて、励まし、助言をしながら、自分の問題は自分で解決させた。私が山ほど失敗するだろうと父はわかっていたし、実際に山ほど失敗した。

私が法人登記をする前に、父が商標登録の確認を買って出ることもできた。高校時代に微積分の宿題を解いてくれることもできた。しかし、父は決してそうしなかった。私を気にかけていないからではない。その反対だ。

私が成功するためには責任を持たせなければならないと、父にはわかっていた。何から始めればいいかは教えてくれたが（例えば、商標登録を確認することや、融資のお金は賢く使うこと）、その後はすべて私にやらせた。娘を見捨てたのではない。私ならできると、父は信じていたのだ。自力で問題を克服し、厄介な状況を乗り越えるたびに、私は父のメッセージを心に刻み込んだ。自分の考えや問題解決能力を信じて行動するたびに、父のメッセージは力を増し、私はさらに自信を深めた。45人が出て行ったときも、私は実家の電話番号を押すことはなかった。自分で解決できるとわかっていたから。何回もそうやって乗り越えてきたから。

点と点を結ぶまでに時間がかかったが、私はようやくわかった。会社を続けていくためには、父が私に教えてくれたことを、私のチームに伝えなければならない。

◉子供が自信をつける大切な機会を与える

先日、CEOの会合に招かれて、職場でミレニアル世代の力を育てることについて講演した。父から教わった「自分で解決する」精神と、そのおかげで自立心が養われたという話をした。講演の後、数人のエグゼクティブと食事に行った。そろそろお開きというころ、1人の女性が私の講演に共感して、自分の娘の話をどうしても聞いてほしいと語り始めた。

夏休みに彼女の娘が帰省した。生活費が足りないと訴えるから、アルバイトをしなさいと言ったが、娘は自分で動こうとしない。そこで、母親は娘の代わりに仕事を見つけた。履歴書も代わりに書き、電話面接の台本まで用意した。

女性の声にはしだいに熱がこもってきた。「私はずっと娘に腹を立てていました。でも、今は自分に頭にきています。代わりにやってはいけなかった。自分が彼女を助けているつもりだったんです」

娘に対する自分の役割に気づかせてくれたと、彼女は礼を言った。

もっとも、私は驚かなかった。私の会社でも、同じようなことが何回も起きている。親が電話をかけてきて、求人に応募している子供の「現状報告」を求める。私に子供の昇給を求める。私の目の前で、子供の履歴書に記入する人もいる。病気で休みます、休みを増やしてくださいと、親が連絡してくる。

親の過干渉を経験している会社は、スチューデント・メイドだけではない。CBSニュースなど複数の報道によると、10人に4人の親が、子供の仕事探しに関与しているという。履歴書を送るのはもちろん、子供の代わりに面接に赴く親までいる。

子供を愛しているからこその行動であることは、私も疑わない。わが子に成功してほしいだけだろう。しかし現実には、数十年の研究からわかっているとおり、子供が可愛いあまり過干渉になるヘリコプター・ペアレンツの努力は逆効果になる。親があれこれ世話を焼いた結果、間違えることを恐れて自分で決断を下せない若者が育つのだ。彼らは指示がなければ動けず、自分で考えることができない。

親が子供のために何でもしてやることは、図らずも、子供が自信をつける機会を奪い、リーダ

ーシップを身につける機会を奪っている。もちろん、すべてのミレニアル世代がヘリコプター・ペアレンツに育てられるわけではない。さらには、過干渉な親だけでなくテクノロジーの発達も、私たちミレニアル世代の問題解決能力に影響を与えている。1日24時間、いつでもグーグルにアクセスできるのに、立ち止まって自分で考えろと言われても難しいものだ。

このような環境で、私はリーダーとして、どのような役割を求められているのだろうか。実際、私自身がヘリコプターになりかけるときもある。

◉1人でマネジメントするのは限界だった

「ザ・45」のストライキから1年足らずで、スチューデント・メイドは毎日のように新しいクライアントと契約するようになり、私はあらゆるエネルギーを会社につぎ込んでいた。私がすべての仕事のスケジュールを組み、すべての学生の応募書類に目を通し、すべての採用面接を行い、すべてのメンバーの研修で指導をし、すべてのメールに返信して、すべての電話に応対した。

電話がかかってきてマーケティング部門と話がしたいと言われたら、私は「少々お待ちください、担当におつなぎします」と答える。そして5秒待ってから、声色を変えて「お待たせしました」と言った（まあ、コメディーとしては貧相な脚本だ）。

鳴り止まない電話の相手は、クライアントだけではなかった。現場に出ている学生からも次々にかかってきた。

床がまだ汚れているように見えるんですが、もう1回モップをかけるべきですか？（あなたはどう思う？）

蛇口から出るお湯が熱過ぎて、どうすればいいでしょう？（蛇口を反対側にひねってみれば？）

クライアントが家の中にいるのに、玄関に鍵がかかっているんです（ノックはしてみた？）。

ある女子学生は、トイレは必ず掃除しなければいけないのか、と聞いてきた（掃除しようかと思っただけでもほめておこう）。

ホームセキュリティの警報を鳴らしてしまいました。客先に洗剤のボトルを、ほうきを、掃除機を、掃除用具を入れたバケツを、掃除の相棒を、忘れてきました……。とうとう私は電話恐怖症になった（あのころ使っていた着信音がどこかで聞こえると、今でも怖くてたまらなくなる）。

来る日も来る日も学生からの電話に出ているうちに、あらゆることの手順を詳しく言葉で説明しておかなければ、彼らは1日ももたないだろうと思うようになった。考えたらすぐに行動するのが私の流儀だ。

私は思いつくかぎりの「質問」を列挙して、全60ページの作業説明書を作成した。読んだ後に理解度をチェックする簡単なテストも用意して、満点なら昇給することにした。

これで仕事中の電話も減るのではないかと思ったが、そうはいかなかった。彼らは相変わらず、何かが起きると、まず私に電話をかけてきた。自分で解決できないのか、誰かの意見を聞かなければ判断できないのか。あるいは、私にすぐ助言を求められる状況がある限り、判断力が麻痺して何もできないのだろうか。私（と私の携帯電話のバッテリー）は消耗した。疲労困憊などという言葉では足りなかった。

リジーは大きな戦力だったが、彼女にできることには限界があったし、まもなくイギリスに帰国する予定だった。もっと継続的に、人事だけでなく管理部門のほかの仕事も引き受けてくれる人が、すぐにも必要だった。

ただし、誰でもいいわけではない。**私が信頼してスチューデント・メイドの日常業務を託せる人がいれば、私はクライアントの開拓に集中して、世界で最も大きい、最も優秀な清掃会社へと成長させることができると思った**（現実的にはゲインズビルで一番、くらいの意気込みだったのだが）。幸い、当てもなく探す必要はなかった。すでに意中の人がいたのだ。

管理「部門」の誕生

アビーは1年近く前から私たちと一緒に掃除をしていた。彼女が大学3年生のとき、私の自宅のリビングで面接をして採用した。彼女はすぐにスチューデント・メイドの希望の星になった。聡明で、積極的で、勤勉で、誠実で、生まれながらに責任感の塊のような人だ。私は心の底からアビーを信頼していた。会社を大きくしていく私のサポート役は、彼女以外に考えられなかった。フルタイムでも安い給料しか提示できなかったが、私は必死に彼女を口説いた。

しかし、私の夢は砕け散った。残念ながらアビーは、すべてを捨てて私の会社に入るとは言ってくれなかった。彼女はスチューデント・メイドの清掃の仕事のほかに、大手ホテルチェーンでインターンとして働いており、そこからもフルタイムの誘いを受けていた。大学を卒業したら何をしたいのか、まだ自分でも決めかねている、答えが出るまで待ってほしいと、彼女は言った。私は半ばあきらめながら待っていたが、2週間ほどで観念した。とはいえ、もうすぐ卒業してフルタイムで働いてくれそうな人は、ほかに見当たらなかった。

そのときエリンの顔が思い浮かんだ。

エリンは私の幼なじみで、同じ高校を卒業した。当時の教師の1人から、彼女は就職したものの仕事に満足できず、フロリダに帰ってきていると聞いた。私はすぐに連絡を取った。

エリンはアビーと違って清掃に関する知識はなかったが、私が覚えている限り、時間に厳しく、とても几帳面で、細かいところに気を配る人だった。私は一緒に働かないかと電話で誘い、アビーに提示したのと同じポストをメールで説明した。そして、エリンは数週間後にゲインズビルに引っ越してくることになった。

エリンの入社日が決まった直後に、アビーから電話がかかってきた。ホテルの就職を断って、私の会社で働くことに決めたと、彼女はうれしそうに報告した。

苦境に陥るとは、まさにこういうことだ。アビーにぜひ頼みたかったポストには、すでにエリンが決まっていた。2人分の給料を払う余裕はなかったが、アビーを手放したくない。別の魅力的な仕事を蹴ってスチューデント・メイドを選んだということは、私が彼女を信頼しているのと同じくらい、彼女も私を信頼しているということだ。**私は彼女に言った。会社の資金が貯まるまで、時給9ドルとたくさんのハグで働いてくれないだろうか。**

彼女の返事に私は驚いた――「私も仲間に入れて」。

こうして管理部門は3人になった（エリンとアビーが入社した週の終わりに、リジーはイギリスへの帰途についた）。

やるべきことリストの落とし穴

エリンは他人の家を掃除した経験がなかったから、最初の数日は学生と一緒にトイレを磨き、現場の仕事を肌で感じてもらうことにした（学生にも、エリンがちょっとした汚れに動じないところを見せなければならなかった）。その後は何から始めればいいのか、私にもよくわかっていなかった。

とりあえず、エリンもアビーも清掃会社について学ぶべきことは山ほどあった。私は基本的な流れを説明した。クライアントからの電話への応対、清掃の予約の入れ方、請求書の作成、備品の注文、SMのプレイグラウンドの清掃の依頼がきたらどうするか、27人の学生に給料を払い過ぎないようにするための注意点。さらに、私に数日間、同行して、彼女たちが引き継ぐ仕事について感触をつかんでもらった。質問をする機会もたっぷり取った。

その後、私はリストを作った。何をどのようにすればいいか、長くて詳しいリストだった。学生のために作った60ページの作業説明書と似ていたが、エリンとアビーには毎朝、その日のリストをメールで送信した。

宛先：エリン

件名：やるべきことリストの最新版

本日中にできるだけ終わらせること

・掃除用具の確認。在庫が減っている気がする。足りなければ補充。
・赤色の掃除機を、必要なら修理に出す。
・クリスマス向けの特別サービスは、理論上は追加料金を請求できる。去年は請求した。私は請求するべきだと思う。40ドルくらいかな。どう思う？　40ドルにしよう。
・春学期のスケジュールをまだ提出してない学生にメールで催促する。学生の名前とアドレスとメールの文例は、それぞれ別のメールで後送。

これはメールの「ほんの出だし」にすぎなかった。

私には休息が必要だった

作業説明書と同じように、超長文メールは期待していたほどの効果を生まなかった。エリンとアビーはフルタイムで日々の業務管理を担当したが、私は以前と変わらず忙しかった。すべての質問に答え、すべてのトラブルに対応するのは、やはり私だった。

どんなときも――走って惣菜を買いに行くときも、空いた時間にランチを飲み込んでいるときも、眠っているときも――充電100％の携帯電話をそばに置いていた。どこへ行くときも、ノートパソコンと予備のバッテリー、充電器、書類を詰め込んだキャスター付きのブリーフケースを引っ張っていた（おかげで「ミニカー」というあだ名を頂戴した）。

緊急事態に参照するかもしれない重要な書類も、すべて持ち歩いた。一晩でも地元を離れることはありえなかった。ゲインズビルに車で駆け付けられる範囲が、私の行動エリアだった。何か問題が起きたら、すぐ会社に戻らなければならなかった。

私は大学を卒業して2年が過ぎていたが、まともな休暇は一度も取っていなかった。常に仕事モードでいることが当たり前になり、自分のために時間を使う感覚など、すっかり忘れていた。しかし、ついに限界に達した。エリンとアビーに休息が必要だと相談すると、ありがたいことに、留守は引き受けると言ってくれた。

あえて車では行けない場所にした。飛行機でセントルイスに行き、一人きりで、ゆっくり週末を楽しむのだ（小心者の私は、携帯電話とブリーフケースは持って行くことにした）。

出発前に、エリンとアビーに事細かなマニュアルを渡した。留守中に起こるかもしれないあらゆる状況を想定して、一つひとつ対処法を詳しく説明した。私が思いついた筋書きの多くが実際に起きる確率は、私たち3人が同時に雷に直撃される（あるいは3人同時にサメに襲われる）確率と同じくらい低かった。

学生には、何かあれば――私ではなく――エリンとアビーに連絡をするようにと伝えた。私がいない3日間に向けて、準備できることはすべてやった。

ホテルに着いたらルームサービスを注文して、ベッドで食べよう。想像するだけでよだれが出てきた。

◉起業後初めて会社を留守にする

スーツケースを車に押し込みながら、思わず頬が緩んだ。大きなスーツケースが3個。2泊3日の旅なのに、空港で超過料金を払わなければならない。でも、そんなことは気にならなかった。私はすっかり休暇モードだった。車の窓を全開にして、ジョギングをしている人や、犬の散歩をしている人とすれ違うたびに手を振りながら、ゲインズビルの小さな空港を目指した。

午前10時にチェックインを済ませ、搭乗ゲートの前に座った。案内のアナウンスを待ちながら、携帯電話をじっと見つめた。

不在着信なし、ショートメールなし、電子メールなし。何もなし。

どうにも手持ち無沙汰だった。ゆっくり深呼吸をして、これから3日間ゴロゴロして過ごそうと思いを巡らせた。

もう一度、息を大きく吸ったとき、頭を殴られたような衝撃を覚えた。洗剤だらけの冷たい水を、バケツごと浴びせられたような気がした。これだけ長時間、会社を他人に任せて留守にするのは初めてだったのだ。何か起きても、1時間や2時間では戻れない。

大丈夫。私は自分に言い聞かせた。大丈夫だから――。しかし、ゲートを通って機内に入ってからも不安は消えなかった。乗り継ぎのアトランタ空港に着陸したころには、すっかりおびえていた。

私は携帯電話の電源を入れた。

ショートメールなし。留守番電話のメッセージなし。

続けてパソコンのメールにアクセスした。携帯電話を持った手の肘を伸ばし、びくびくしながらアプリが開くのを待った。絶対に、何かとんでもないことが起きているはずだ。間違いない。

しかし……何もなかった。念のために更新ボタンを5回、押した。ザ・45の反乱が起きる直前のクラブハウスの静けさを、思い出さずにいられなかった。

ばかなことを考えるのはやめよう。ニュースがないことは、良いニュースなのだ。ビールを飲

んで頭を冷やそう。

私は空港のバーに向かい、ブルームーンの白ビールをすすりながら、カウンターの隅で自分に落ち着けと言い聞かせた。搭乗ゲートの前に立ったころには気持ちも軽くなり、ホテルのバルコニーでくつろぐ自分の姿を想像していた。

機内で頭上の棚にブリーフケースを押し込んでいるとき、お尻のポケットで携帯電話が震えた。えっ！

画面を確認すると、アビーからショートメッセージが届いていた。

「シェパーズパイ。至急連絡して！」

どうしよう。ウソ、ウソ、ウソよ。ありえない。夢だと言って！

シェパーズパイは、ひき肉とポテトを使ったイギリスの伝統的な料理だ。エリンとアビーと私にとっては、スチューデント・メイドに緊急事態が起きたときの暗号でもあった（シェパーズパイを選んだ理由はどうしても思い出せない）。この暗号を受け取ったら、どこにいても、何をやっていても、とにかく連絡するという決まりだった。

それまでに彼女たちがこの暗号を使ったのは2回。マイクロファイバー製のラグを捨てたゴミ箱が自然発火したときと、高級じゅうたんに漂白剤をこぼして、クライアントに裁判を起こすと脅されたときだ。いずれも私は現場に駆け付け、火消しに努めた（マイクロファイバーのときは、文字どおり火を消した）。

飛行機を降りなくちゃ。今すぐに。

電話が再び震えた。今度はエリンからだった。何かはわからないが、とにかく、かなりまずい事態が起きていた。あの膨大なマニュアルでも対応できないことが。

電話に出ようとしたそのとき、客室乗務員がツカツカと歩いてきた。彼女は携帯電話を機内モードにしてくださいと厳しい口調で言い、そのまま私のそばで見張っていた。

どうすることもできなかった。私は電話の電源を切り、シートベルトを締めて、エチケット袋をギュッと握った。

◉エリンとアビーに芽生えたプライド

セントルイスの空港が見えて着陸態勢に入るころには、スチューデント・メイドは廃墟と化しているに違いないと思っていた。

携帯電話の電源を入れ、エリンとアビーから次々に届いていたメッセージを読んだ。画面をスクロールすると、言葉のニュアンスが少しずつ変わっていった。「シェパーズパイ」「すぐに連絡して」が「万事ＯＫ」「解決しました」になり、ウインクの顔文字まで付いていた。

学生がクライアントの車庫で足を滑らせて転倒したのだ。軽いケガをしたが、本人は病院に行くことも、会社の保険で治療を受けることも拒否した。大丈夫だと言い張ったが、エリンとアビーは納得しなかった。仕事中にケガをしたときの対応は、もちろん私のマニュアルに書いてあったが、本人が治療を拒否した場合は想定していなかった。

私が折り返し連絡できない状況だと判断したエリンとアビーは、保険会社に電話をかけ、法的な問題を回避するためにしておくべきことを相談した。そして、ケガをした学生にあらゆる可能性と選択肢をできるかぎり詳しく説明し、本人が状況を十分に理解していることを確認した。そのうえで治療を受けない意思を書面にして、保険会社に必要な書類を送り、無事に解決したというわけだ。

私は必要なかった。

まったく、必要なかった。

私がいたとしても、どうすればいいか、わからなかっただろう。

エリンとアビーは入社してから初めて、自分たちだけで考え、決断しなければならない立場に置かれた。だから自分たちだけで考えた。素晴らしい対応だった。

彼女たちには、自分で答えを見つける力があった。そもそも、そのような力を持っているから、私は彼女たちを採用したのだ。それを発揮する機会がなかっただけだ。彼女たちの邪魔をしていたのは私のほうだ。困ったことが起きても例の暗号を発信すれば、私がヘリコプターに飛び乗って駆け付けていた。

「シェパーズパイのジレンマ」を解決したいきさつを聞きながら、私は電話越しに2人のプライドを感じた。私の指示に従うのではなく、自分たちで考えてやり遂げたからこそのプライドだった。高校生のときに微積分の宿題を自分で解いたときも、リジーが給与支払いの惨事を自分のやり方で乗り切ったときも、私は同じプライドを感じた。

◉自分で解決できる環境づくり

セントルイスの小旅行から戻った後は、意識して一歩下がり、エリンとアビーに任せる場面を増やした。詳細な「やることリスト」もやめた。状況を判断して、問題が起きたら対処するところまで、彼女たちに責任を持たせた。任せることが増えるほど、2人は自立心と自信をつけていった。私が呼ばれることも少なくなり、ようやく、すべてを自分の肩（とブリーフケースの中）に背負わなくてもいいと思えるようになった。あれ以来、シェパーズパイの暗号を受け取った記憶はない。

エリンとアビーがこんなに成長したのだから、スチューデント・メイドで働くすべての人にも、同じような自立心と充実感を経験してほしいと思った。そうすれば、誰かが失敗しないように先回りをする必要はなくなり、私のヘリコプターが離陸する機会もなくなるだろう。

失敗する余地があり、失敗してもクビになる心配をせずに自分で解決する。そういう環境を作ることが、私のミッションになった。全員がウィン・ウィン・ウィンの職場だ。

問題を解決する力を身につけた学生は、スチューデント・メイドの仕事だけでなく、将来のキャリアでも活かせるだろう。自信と自立心が養われ、自分で成し遂げたことに誇りを持てるようになるだろう。大失敗をやらかしても、そこから何かを学べるはずだ。

リジーが4万ドルのミスを取り戻せたように、スチューデント・メイドで働く学生は誰でも、どんな失敗をしても挽回する力があるはずだ。そのような環境が整えば、私のチームはますます強くなり、信頼できるようになって、私は完全にリラックスして休暇を楽しめるというわけだ。

まずはやらせてみる

この時期から、私は自分の父を手本とするようになった。学生からの連絡にいつでも対応するのはやめた。携帯電話を片時も手放さないという習慣も改めた。打ち合わせ中に電話がかかってきても、すぐに席をはずすのではなく、留守番電話に切り換えた。折り返し連絡を入れるころには、たいてい問題は解決していた。

もちろん、すべての連絡を無視したわけではない。そんなことをすれば、私がチームのことを気にかけていないと誤解されかねない。しかし、**必ずワンコールで電話に出て、自分がどこで何をしていようと現場に駆け付けるという、それまでのやり方を大きく変えた。**

どうしても私の助けが必要なときもあった。2、3回続けて電話がかかってきたり、私のオフィスに直接来て助言を求められたりした場合は、できるだけ早く対応した。ただし、その際も、いきなり私が解決するのではなく、どうするべきだと思うかを本人に聞いた。

彼らが考えたアプローチが、家を全焼させるとか、誰かを死なせるとか、とんでもない話ではない限り、まずはやらせてみる。彼らが何も思いつかない場合は、もう少し自分で考えて、二つの選択肢を挙げるように促す。そして、「私はどちらがいいと思うか」だけを伝えた。

私だったらこうするだろうという方法と彼らの選択が同じときもあれば、彼らのほうがうまく対処するときもあった。彼らのアプローチに疑問を感じても、ぐっと言葉を飲み込んだ。どのような結果になってもそこから学べば、次は違うやり方ができる。

◉私たちは進化した

そのうちに、会社全体の心構えが変わった。

新人研修では、掃除のやり方よりも、問題解決のアプローチを教えることを重視するようになった。

以前は私の住んでいる家で実習を行っていた（おかげでピカピカになった。天才的なアイデアだ）。ソファの下に隠した吸い殻を見つけられるか、乾燥機の中を確認して残っている洗濯物をたたむか、といった抜き打ちテストを用意して、合格しなければクライアントの家に行くことはできなかった。しかし、とにかく現場に出すほうが効果的だと気がついた（私が自分でベッドメイキングをすればいいだけのことだ）。

そこで、実技の練習はやめて、掃除用具や技術について簡単に説明した後は、経験のあるメンバーと組ませてクライアントの家に送り出した。

新人がいる現場には、クライアントからの特別なリクエストのほかに、基本的なチェックリスト（会社のウェブサイトで紹介している作業内容を列挙したリスト）を渡した。基本項目も特別のリクエストも忠実にこなし、しかも会社が定める水準を保たなければならないが、やり方は学生に任せた。

例えば用具の使い方や掃除の技術について質問があれば、ベテランの学生が教える。ただし、予想外のことが起きても新人の代わりに対処したり、具体的な指示を出したりはしない。新人が自分で解決策を見つけられるように、ベテランがサポートする。

このアプローチの恩恵は、研修の費用対効果が高くなっただけではない。学生が、エリンやアビーや私に相談しなくても、自分で判断を下せるようになったのだ。

間違えてクライアントの隣家を掃除したことに気がついたチームは（実話だ）、会社に指示を仰ぐ前に、自分たちの判断でクライアントに事情を説明した。別のチームの男子学生は、体調が悪いメンバーを帰宅させ、１人で仕事を片づけた。クライアントの浴室のパイプが破裂していることに気がついたチームは、あわてて会社に電話をかけるのではなく、速やかにクライアントに連絡したので、家中が水浸しにならずに済んだ。**干渉しないという新しい方針は、まさに思っていたとおりの効果をもたらした。**

現在は、さらに学生の自律性を尊重している。以前は、その日の仕事先の75％以上について、経験豊富なチームが品質チェックをした（クライアントから特別にチェックを依頼されていない仕事も対象だった）。しかし最近は、品質チェックはほとんどしていない。

あるいは、以前は現場に到着したら会社にメールで知らせ、清掃が終わったら再び連絡を入れて、会社から言われた金額をクライアントに請求した。学生が計算間違いをするかもしれないと思ったからだ。しかし現在は、学生に料金の計算式を渡し、彼らが現場で計算する。学生にいろいろなことを任せる際は、「あなたを信頼しているし、あなたならできると信じている」というメッセージを込めている。

シェパーズパイ事件は私にとって、リーダーとしての自分の役割を、より理解するきっかけになった。**スチューデント・メイドというチームを導いてサポートすることが、私の仕事だ。彼らの行動を指示したり、彼らの代わりに決断したり、問題を解決したりするのではない。**彼らがガッツと自立心と自信を養う機会を与えること、それが私の仕事だ。エリンとアビー、そしてリジーも、私が与えた機会を通じて成長した。

父が私に機会を与えたときと同じように。

モニクの物語

仕事を通して自分と自分の決断に自信を持てる機会を与えれば、よそで働きたいと思わなくなる。モニクがまさにそうだった。

モニクは夏の繁忙期に私たちの清掃チームに加わった。ある朝、私はクライアントのアパートメントで、学生たちに担当する部屋を割り振っていた。しかし途中で、清掃する部屋にすべて鍵がかかっていることに気がついた。管理人は鍵の扱いにとても厳しく、100本以上の鍵がぶらさがっている大きな輪っかを私に預け、ばらしたり、外に持ち出したりしてはいけないと念を押した。鍵を紛失したら、交換費用として1本につき50ドルを請求するとも言われていた。

この日は70人の学生が出勤していた。彼らを立ったまま待たせて、私が1部屋ずつ鍵を開けて回るわけにはいかない。そこで、いちばん近くに立っていた学生に、手伝ってほしいと声をかけた。それがモニクだった。モニクが現場に出たのはこの日が2回目か3回目で、私とは初対面だったが、私は彼女に部屋番号のリストを渡し、鍵を失くしたら請求される金額も教えて、私が担当の割り振りを続けている間に鍵を開けてくるように頼んだ。

モニクは鍵を1本も失くすことなく戻ってきて、私はお礼を言った。そのときはまだ、これが私たち2人にとって、大きな意味を持つ日になるとは知らなかった。

モニクは清掃の仕事を続けながらインテリアデザインの学位を取得し、有名なデザイン会社の誘いを蹴ってスチューデント・メイドに入社した。

その決断に最も影響を与えたのは、本人によると、デザイン会社を信頼できなかったことだ。モニクはその会社でインターンとして働いたが、会議に出席させてもらえず、まとまった仕事を担当することもなかった。彼女が与えられた最も重要な仕事は、図面上でコンセントの位置を4センチ上に移動することだった。

一方で、彼女がスチューデント・メイドを選んだ経緯を人に話すときは、鍵の束を渡されたところから物語が始まる。現場で働き始めて最初の週に、とても大きなことを任されて、自分が信頼されていると感じたのだ。彼女は今も、私たちの会社にとって欠かすことのできないリーダーの1人だ。人々にリーダーとは何かを教え、そばにいる人に鍵束を渡してみようと背中を押している。

信頼と放置の違い

すべてを任せれば自分で道を切り開く、という単純な話ではない。バランスが重要だ。まず、本人が、自分はどんなことを期待されているのかを理解する必要がある。そのためには、彼らに任せた仕事に伴う責任について、正しく説明しなければならない。例えば、鍵束を託されたモニクは、紛失したら1本につき50ドルの交換費用がかかることを知っていた。

さらに、**問題が起きても本人に解決させることと、彼らをサポートしないことは違う。**リジーが給与支払いのミスを挽回しようとしていたとき、私は相談役として、ずっと彼女のそばにいた。しかし、対処する方法を考えたのはリジーだ。私は彼女の指示どおりに手伝ったにすぎない。

私たちのやり方が、いつもうまくいくわけではない。ほかの人より苦労する人もいる。自分には無理だと辞めていく人もいる。深刻な事態になって本人が圧倒されてしまい、私たちが助けなければならないときもある。個人の幸せを犠牲にしてまで、学ぶべき教訓はないだろう。

失敗を繰り返すばかりで、そこから学ばない人もいる。では、何回くらい失敗してもかまわないのだろうか。その境界線をどこに引けばいいのだろうか。これは実に難しい判断であり、私自身も悩み続けている。

リーダーは、部下が問題を解決しようと苦悩する姿を見守る一方で、介入して代わりに解決するタイミングを見極めなければならない。そのバランスを取るためには、自分が失敗をどこまで許容できるかを知っておく必要がある。私の場合、リジーのおかげで、最初にかなり高い水準を経験した。もちろん、4万ドルを失いかけるほどの危機がなくても、例えば鍵束を預けるような小さな信頼が大きな影響をもたらし、会社への忠誠心と彼らの自信を、根本から変えることもできる。

もがき苦しむ私を黙って見守った父と同じように、スチューデント・メイドの学生たちの成長を私は見守ってきた。サイドラインの外でじっと待つことは、とても勇気がいる。私がそれを理解できるようになったのは、ようやく最近のことだ。心配だからこそ、しゃしゃり出て手助けしたくなる。しかし、それをしたら、相手は成長できないままだろう。

問題に直面して苦しんでいる人を、すぐさま救い出す必要はない。彼らの代わりに問題を解決してやる必要もない。必要なのは、自分で解決できると、彼ら自身が思うことだ。自分を助けられるヒーローは自分しかいない。自分で責任を持ち、困難を自力で乗り越えることができれば、はるかに幸せになれる。

私がそうだったのだから。

［第2章の失敗から学んだこと］

▼給料の支払いは失敗してはいけない。
▼インターンの失敗はボスの責任。
▼ミスを自分で取り戻す機会を与えれば、学生たちはそこから学ぶ。

▼借りたお金ですぐパーティーなど開いてはいけない。
▼重要な忠告を軽くみると、後で痛い目に遭う。
▼私にはガッツがある、と信じよう。
▼マニュアルややるべきことリストはそれほど役に立たない。
▼親が子供に何でもしてやることで、子供の機会を奪う。
▼失敗してもクビになる心配をせずに自分で解決できる環境を作ろう。
▼学生たちが自立心と自信を養う機会を与えることが、私の仕事。
▼自分が信頼されていると感じ、何を期待されているか理解していることが大切。

パソコンの向こうからの冷たい声よ、さようなら

◉問題児

もうたくさん。我慢の限界だ。

私は自分のオフィスに駆け込み、ドアをピシャリと閉めた。部屋の中を行ったり来たりして、頭を冷やそうとした。

どういうつもりなの？　彼女がそこまで愚かだったとは。

コートニーが、またやらかした。「自分で決断する」という新しい自己管理の哲学を、彼女は「何でもやり放題」と解釈しているようだ。彼女と組んで仕事をしている学生からの報告によると、この数週間で彼女はクライアントの香水を自分に吹きかけ、クライアントのハイヒールを試しに履き、クライアントの固定電話から自分の友人たちに電話をかけた。

それでも私が怒らないと思ったのだろうか。ついさっき、新たな蛮行を聞かされた。クライアントのリビングのど真ん中で、絶対に手を触れてはいけない高価なアンティークのピアノで「メリーさんの羊」を弾いたのだ。リビングルームは掃除機をかける場所だ。ありえない。

私はコートニーのルール違反について、一度も本人と話をしていなかった。タイミングを見計らっていたのだ。でも、今日こそは言おう。もうすぐ彼女が清掃用具を補充しに、会社に立ち寄ることになっていた。今日こそ真剣に（本当に真剣に！）説教をしないと。

嫌いになれないのがつらい

私は頭の中で予行演習をした。彼女の可愛らしい、人を惑わすあの声が聞こえたら、すぐに席を立ってまっすぐ彼女のところに行き、話があると言う……2人だけで話があると。

2人になったら彼女の目をじっと見て、冷静に、とにかく冷静に、スチューデント・メイドの評判を汚すようなことをもう一度やったら、そこで終わりだと宣告する。あとは彼女が必死に謝って許しを請うまで、黙って彼女をにらみつける。私は許すかもしれないし、許さないかもしれない……。

そのときオフィスのドアが開く音が聞こえた。

コートニーだ。

私は廊下をのぞいた。やはり彼女だった。窓ガラス用の洗剤を補充しながら「みんな、おはよう！」と言っている。これ以上、無邪気に振る舞える人がいるだろうか。

誰がボスなのか、彼女に教えるのだ。

私は彼女のほうに歩いて行った。

今日こそ逃がさないわよ。

コートニーが顔を上げ、私と目が合った。

ああ、だめだ。

彼女は顔をほころばせ、腕を伸ばしてハグを求めた。

「コートニー！　ハーイ！」気がつくと私は両手を広げ、自分でも記憶にないくらい全身の力を込めて、彼女を抱き締めていた。「元気？　学校はどう？　その荷物、車まで運ぶのを手伝おうか？」

5分後、私は駐車場で、車のエンジンをかけるコートニーに笑顔で手を振っていた。「今日もいい仕事をしてね！　頑張りましょう！」

思ったとおりにいかないものだ。

そもそも私がコートニーと対決できるはずがない。そんな度胸はなかった。私は会社で誰に対しても、面と向かって強い態度を取ったことはなかった。私はそういうタイプのリーダーではなかった。

サイドラインの外に立ち、ポンポンを振って応援する。私はチアリーダーでありたかった。

◉チアリーダーとしてのリーダー

スチューデント・メイドで初めて私の言葉で他人を鼓舞したときのことは、よく覚えている。

ザ・45と同じ夏の出来事だった。チームを立て直したすぐ後に、私はアパートメントの部屋を順番にのぞきながら、ミネラルウォーターのボトルを配り、一生懸命に働く学生に感謝を伝えて回った。ある部屋に行くと2人が掃除をしていたが、私のメモでは3人いるはずだった。

「こんにちは！」私は2人に1本ずつ水を渡した。「ビルも一緒だと思うんだけど？」

「ええ」。学生の1人が廊下の先を指さした。「彼は……向こうにいます。バスルームを掃除しているというか……まあ、そんな感じです」

そんな感じ？　彼女が指を差したほうに行くと、言いたいことはすぐにわかった。ビルはゆっくり、ゆっくり、トイレの便器をこすっていた。こんなにゆっくりとした仕草で掃除をする人を、私は見たことがなかった。前かがみになって立ち、カタツムリと同じくらいのスピードで便器の縁に沿ってブラシを動かしていたが、ブラシの毛はほとんど当たっていなかった。

「ビル、調子はどう？」ボスが突然現れたら、あわてて手を早めるかもしれないと思ったが、彼は私に気づいていないかのようだった。額からしたたる汗が、便器の中の水にはねる音だけが聞こえた。

「大丈夫？」私は少し心配になった。

「大丈夫です」。彼は大きなため息をついた。「バスルームの掃除にうんざりしているだけです」

私はがっかりした。こんなところにだけはいたくないという、ゾンビのような彼の顔がすべてを物語っていた。すでに一度、私を見捨てたことのあるビルが（彼はザ・45の誇り高き一員だった）、再び去ろうとしているのは間違いなかった。

でも、私たちにはビルが必要だった。人手が足りず、必死に掃除しても追いつかない毎日だった。何とかして彼のやる気を取り戻さなければならない。今すぐに。

急いで、と言うべきだろうか？　お菓子で買収する？　彼からトイレブラシをひったくって、そのブラシでたたくとか？

どれも正解ではなさそうだった。

ゾンビと踊る

私は高校時代にチアリーディングをしていたときのことを思い出した。試合の日、前半を終えて沈み込んでいるハーフタイムのロッカールームで、選手を激励したあの情熱を。

「ねえ、聞いて、ビル。あなたが私たちのチームに来てくれて、すごくうれしいのよ。あなたがいなかったら、どうなっていたことか」

不意を突かれたビルは顔を上げた。

「本当に？」

「本当よ！」

彼は笑みを浮かべた。

「バスルームの担当になると最悪よね。わかるわ。でも、頑張ってくれてありがとう」

ビルは丸めていた背中を少し伸ばした。ゆっくりと笑顔が広がる。死の淵からよみがえったかのようだ。そう、その調子よ。

「便器のカーブに合わせてブラシを回すの。ヘリコプターみたいに！」

私は手拍子を始めた。足を滑らせるようなステップでバスルームの入り口に向かい、ヒップホップのリズムを刻みながら後戻りした。いつのまにかビルも便器の前でダンスの真似事をして、ブラシでリズムを取っていた。彼は笑っていた。私も笑っていた。やり過ぎだったかもしれない。芝居くさかっただろう。しかし、白カビと漂白剤のにおいが充満していたアパートメントに、突然新しいエネルギーが生まれた。

ダンスパーティーが終わると、ビルは仕事に戻った。洗剤のコマーシャルのように手際よく動くトイレブラシは、私が銀行の融資を湯水のごとく使ったときよりスピーディーに動いていた。

その日のうちに、別の部屋で再びビルに会った。ダンスパーティーの後、彼は5部屋のバスルームを磨き上げていた。

「隣の部屋のバスルームを見てよ」。彼は誇らしげに言った。「あんなに汚いバスルームは初めてだった。でも、今はピカピカだよ！」

ビルは予定より1時間、長く仕事をしたいと申し出た。彼がすぐに辞めることは、なさそうだった。

エールを送りまくった夏

その夏、私はスチューデント・メイドのチアリーディング部のキャプテンに就任した。やる気を失いかけた学生を応援すると、ビルのように、再び仕事に夢中になった。洗剤や垢やカビのことも忘れるくらい、楽しくなったのかもしれない。

もちろん、私の渾身のダンスと声援だけで、誰もが清掃の仕事に夢中になるわけではない。私もそこまで浅はかではない。このような仕事には単純に向いていない人もいる。

スチューデント・メイドに入って、初めて——人生で初めて——掃除をしたという学生もいた。

白カビだらけのシャワーヘッドを見て、あるいは目の前をゴキブリが横切っただけで、小売店で働くほうがましだと思う人もいる。

さらに、学生だけを雇うという方針のため、常に人の入れ替わりがある。卒業したり、インターンの仕事を見つけたり、あるいは夏休みに実家へ戻る人もいた。しかし、ソフトボール大のほこりの塊に動じず、しばらく街を離れる予定がない人にとって、私が軽快にステップを踏みながら応援することは、仕事を続けようと思う大きな動機になるはずだ。私はそう信じていた。

みんな仕事が大好きになって、気がついたらトイレブラシを手にバスルームで踊りだす。それが私の新しい目標になった。励まさなければ辞めてしまいそうな人がいなくても、あらゆる機会を見つけて私はエールを送りまくった。

シフト変更を確認するような普通の会話の最後に、「いい仕事を続けてね！」「頼りにしてるから！」と付け加え、給料計算のために労働時間を提出した学生への返信メールには、「やっぱりあなたはスゴイ！！！！」と添えた。予算があれば業者に頼んで、学生の自宅の上空に、飛行機の雲で「アイ・ラブ・ユー」と描いてもらったかもしれない。彼らを喜ばせることなら何でもするつもりだった。

踊るリーダーシップの効果

私がヘリコプターを降りて、学生の自主性を育てることを意識するようになる前は――エリンとアビーに長い長いリストを渡し、すべての人に仕事のやり方を事細かに指示していたころは――学生が掃除をしている最中に現場を見て回った。彼らが何かミスをしたら、クライアントが気づく前に私が見つけようと思ったのだ。

一方で、それは学生を直接励ます格好の機会にもなった。ビルのときと同じように、見回りの際に会ったすべての学生に、彼らがスチューデント・メイドで働いてくれることに感謝していると話した。ほんの少しでも士気が下がっていると感じたときは、おだてて、ハイタッチを交わし、場を盛り上げた。床に拭き残しがあったり、ベッドメイキングが下手だったりしたときは、いつもより元気よくハイタッチをした。

もちろん、その場で正しいやり方を教えることもできた。でも、そのくらいのことで気分を悪くさせる必要はないと思った。彼らが次の部屋に行ってから、私が自分でやり直した。それでいいではないか。

ばかげていると思うかもしれないが、チアリーディング作戦は実際に効果があった。辞める人が減っただけでなく、急な病欠も減って、学生は自分からシフトを増やすようになった。多くの人が友人を、一緒に働こうと誘った。会社も順調で、私はチアリーディングが大いに貢献していると思った。ただし、応援が陳腐になると効果が薄れかねない。私は常に新しいアイデアに目を光らせていた。

そんなとき、ある記事が目に留まった。毎朝、右のポケットに1セント硬貨を5枚入れて仕事に行くというリーダーの話だ。彼は会社で誰か1人ほめるたびに硬貨を1枚、左のポケットに移す。右のポケットが空になるまで、つまり1日に5人をほめるというノルマを終えるまで退社しない。これを読んで私はひらめいた。それなら毎日「全員を」ほめようではないか（5セントなんて子供だましだ！）。

私は毎朝、その日のシフトに入っているメンバーの一覧表をプリントアウトしてクリップボードに挟み、1日中持ち歩いた。学生に会うたびに感謝と励ましを伝え、一覧表に「済み」の印を付けた。「このチームにあなたがいてくれて、私は本当に幸運だわ」「今日も一生懸命に働いてくれてありがとう、ダストバスターさん！」など、グリーティングカードにしたためるようなメッセージをメールや口頭で伝えた。

友人たちには、クリップボードがダサいと笑われた。しかし、私の感謝の言葉を聞いた学生の笑顔や、笑顔の絵文字の一つひとつを思えば、からかわれても平気だった。

誰に何を言われても、私はチアリーダーであり続けた。学生がどんなことをしても、ほめる理由を見つけ、彼らが私にとってどんなに大切か、スチューデント・メイドにとって彼らがいかに必要かを伝えた。

ただし、コートニー以外は。

彼女に言うべきことは一つだけだった。いい加減にしなさい。

◉くそったれ事件

即興のピアノリサイタルを上回る出来事はないだろう、と思った私が甘かった。

リサイタルから2週間ほど経ったある朝、インキュベーターの駐車場でスペースを探していた私は、思わず二度見をした。私の左手に駐車していた車のリアウィンドウに、大きな文字で「くそったれ」と殴り書きされていたのだ。

くそったれ？　いったい誰の車？　ここはオフィス用の駐車場よ、どういうつもり？　ここに停めるのはインキュベーターの人間と……うちの学……生……。

ええっ！

ウソでしょ！

彼女の車だ。

低俗なフレーズを乗せた車をコートニーが運転して、クライアントの家の前に停める光景を思い浮かべたとき、私の中で何かがプツリと切れた。彼女の車が、私に向かってあのフレーズを投げかけているような気がした。

私はスチューデント・メイドが借りているフロアに駆け上がり、自分のオフィスのドアを勢いよく開け、すぐにドアをたたきつけるようにしてフロアに戻った。うろうろと歩き回りながら、「くそったれ」の文字が頭の中で点滅していた。そのときコートニーが雑巾を手に取っている姿が見えた。

「おはよう!」彼女は歌わんばかりに言った。

おはよう、ですって？　ずいぶんご機嫌ね！　それも今のうちよ！　私は唇をキュッと結んだまま、彼女に笑顔を向けた。

直線距離で自分のデスクに戻り、大げさな仕草で椅子に座ると、深呼吸をして……私はパソコンを立ち上げた。

コートニーはほんの数メートル先に立っていた。私は猛烈な勢いでキーボードをたたき、彼女に宛てて精一杯、辛らつなメールを打ったが、いったんすべて削除して最初から書き直した。「送信」をクリックするときには次のような文面になっていた。

宛先：コートニー
件名：重要事項
あるところから、あなたの車の後ろに「くそったれ」と書かれていると聞きました。あなたが自分で書いたわけではないと思っているけれど、すぐに消して。クライアントが見たら、どう思いますか？　次の仕事へ行く前に、必ず消してください。ありがとう！

消してくれればいいのよ――私はパソコンの後ろから無言で語りかけた。彼女のスマートフォンが新着メールを知らせる音が聞こえた。そのくらい近くにいたけれど、彼女がフロアを出るまで私は隠れていた。

最悪の後味

コートニーは2週間後に辞めた。

うまく厄介払いができたのだろう。コートニーがいなくなって、ある意味で私はほっとした。手品のように問題が消えてなくなったのだから。

しかし一方で、最悪の気分でもあった。実際は、彼女が私を切り捨てたのだ。コートニーは多くの学生と同じように、家賃を払うために喜んで清掃の仕事をしていた。彼女は私を怒らせたが、私には彼女が必要だった。私にはチームの全員が必要だった。だからこそ、最初のうちは彼女の愚かな行為も我慢したではないか。雷を落とそうとしたのに、思わず抱き締めてしまったではないか。

ほかの学生と同じようにほめていたら、彼女は辞めなかっただろう。彼女の愚かな選択を無視していたら、辞めなかっただろう。これ以上は無視できなくなったとしても、できるだけ対立的な態度を取らずに、なるべく穏やかに話をしていたら、辞めなかっただろう。

しかし、彼女は辞めた。

私は教訓を学んだ。こういうときは何も言わず、メールもしないこと。これからはポンポンを振るだけにしよう。

問題は、それがどこまで通用するかだった。

◉人事の専門家・エバの助言

チアリーダーの「チアア」は身につけたが、「リーダー」については、まだ先は長かった。

幸い、新米のリーダーにとって、インキュベーターはこの上ない学びの場所だった。入居契約を結んだときは、月96ドルほどの家賃で、いくつかのデスクと掃除用具の置き場所を借りるだけだと思っていた。しかし、私が得たものははるかに大きかった。

毎週火曜日の朝、インキュベーターに入居している起業家が集まって、それぞれの事業でうまくいっていること（うまくいっていないこと）を報告する時間が設けられていた。私と同じようにゼロから会社を立ち上げることについて学んでいる人々と話していると、自分は1人ではないと思えた。

しかしそれ以上に、インキュベーターの最大の利点は、素晴らしいメンターに会えることだ。私たち起業家の卵は会議室に集まり、ノートパソコンを開いて、人事の専門家や法律家、元CFO（最高財務責任者）、事業戦略立案者などが教示する長年の知恵を、夢中でメモした。予算管理やカスタマーサービスなど、さまざまなテーマのプレゼンテーションも、すべてが私たちの成功を後押しした。

メンターと1対1で話をすることも多かった。その1人、エバは人事の専門家だった。初めて彼女と2人で会ったとき、私は、学生の欠点を見つけても、あなたは何て素晴らしいのだろうとほめて、欠点は見て見ぬふりをしているという話をした。エバは飲んでいたカフェラテを、あやうく吹き出すところだった。それ以来、彼女は私を常に気にかけてくれた。

彼女は私に、「本物の」会社のあるべき姿を教えようとした（将来の訴訟を回避するためにも必要なことだった）。そして、まずは従業員のパフォーマンスを記録して、定期的に評価を行うほうがいいと提案した。

私に言わせれば、最悪のアイデアだった。

間違いは間違いと教える

コートニーの一件は、まだ私の記憶に新しかった。彼女が辞めた本当の理由はわからなかったが、自分が出した「厳しい」メールのせいではないかと感じていた。ただし、それは、従業員の評価をしたくない言い訳の一つにすぎなかった。

スチューデント・メイドで働く学生は、最低賃金で我慢して、労働時間の半分は肘までトイレの便器に突っ込んでいるのだと、私はエバに言った。そのうえ厳しいフィードバックを伝えたら、限界を超えてしまう。ザ・45より大規模な集団離脱が起きるに違いない。

しかし、エバは簡単には許してくれなかった。私の弁解のすべてに、彼女は理路整然と反論した。人は誰でも心の奥底で、自分は仕事がどのくらいできているかを知りたいのだと、彼女は言った。学生に辞めてほしくないからといって、パフォーマンスの評価を伝えないというのは話が違う。私がここで向き合わなければ、事態はさらに悪くなるはずだ、と。

エバの話を聞けば聞くほど、コートニーのことを思い出した。そして、コートニーのことを考えれば考えるほど、問題の核心が見えてきた。

私はコートニーの振る舞いがスチューデント・メイド全体に及ぼす影響のことばかり考えていて、自分の振る舞いがもたらす結果を考えていなかったのだ。彼女が間違ったことをしたときにほめたことは、彼女のためにも、会社のためにも、私のためにもならなかった。

コートニーはスチューデント・メイドが初めてのアルバイトだった。彼女がジミー・チュウのハイヒールを試し履きした直後に、私が少しでも注意していれば、次に何かしら不適切なことをする前に、彼女は考え直しただろう。もしかしたら、私たちのチームで最高のメンバーになっていたかもしれない……まあ、それはなさそうだが。とにかく私は、彼女に振る舞いを直すチャンスを与えなかった。

私は少しずつわかってきた。激励の言葉は大きな力になるときもある。しかし、励ますべきときもあれば、現実を理解させるべきときもある。優秀なリーダーは、その両方を適切なタイミングで、適切な方法で、伝えることができる。

失敗する余裕を与えることは、悪い振る舞いを容認することでも、間違った判断を見逃すことでも、彼らが向上するために必要なフィードバックを返さないことでもない。**自分で問題を解決**

できるように導くことは重要だが、失敗を通して成長できるように助けることも同じくらい重要なのだ。自分が間違ったことをしていると理解していない人には、誰かが教えなければならない。

つまり、私が教えるのだ。

◉評価と面接からは逃げられない

評価とフィードバックを試すことに私がようやく納得すると、エバはすぐに次の指示を出した。まばたきする間もないくらいだった。私が怖じ気づくか、気が変わるかもしれないとわかっていたのだろう。

エバは1学期に最低1回は学生と1対1で面接を行い、改善するべき点と、よくできている点を話し合うことを提案した。さらに、評価シートの見本をいくつか教えてくれたが、「対象者」「監督者」などの用語は、チームのメンバーを「仲間」と呼ぶ会社には少々堅苦しかった。

そこで、エバからもらった資料をたたき台に、自分で評価シートを作った。「清掃スキルの質が高い」「大変な仕事も最後までやり抜く」「窓ガラスに『くそったれ』と書いた車で移動しない」（3つ目は冗談だ）といった項目について、1〜5の5段階で評価する。1〜4がついた項目はコメントを添えることにした（「キングベッドにツイン用のシーツを使わないこと！」）。

全員の評価をつけて、必要なコメントも記入したら、インターンが学生と面接をして評価を伝えた。そう、インターンだ。低い評価を受けた人が、評価を伝えた相手を憎むなら、私よりインターンのほうがいい（要するに私は臆病者なのだ）。インターンは1学期しか働かないから、その学生に二度と会うことはないだろう。しかも人事部門の貴重な経験を積むことができるではないか。われながら完璧な計画……のはずだった。しかし、最初の学期が終わって、次の学期にインターンをやりたいという申し込みは1件もなかった。いったいどうしたのだろう。

代わりにエリンとアビーに頼もうかと考えたが、彼女たちも次の学期に戻ってこなかったらと思うと、それはできなかった。仕方がない、私がやるしかなかった。

初めての評価面接を数日後に控え、パニックが押し寄せてきた。どこにも隠れることはできない。学生と1対1で顔と顔を突き合わせながら、彼らがきちんとできていないことについて話さなければならないのだ。そんなことをするくらいなら、自分の目に漂白剤のスプレーをかけて、彼らの顔が見えなくなればいいとさえ思った。

せめてもの良心として、面接を終えた学生が笑顔でオフィスを出て行くような会話を心がけるしかない。取り組むべき課題を告げられた後も、スチューデント・メイドを心から愛していると思ってもらえるように。

シット・サンドイッチ

最初の面接は、清掃のパートナーと車の運転を公平に分担していない学生だった（スチューデント・メイドは基本的に2人1組のチームで掃除をするが、クライアント先には1台の車で行く決まりなので、普通はシフトごとに交代で運転する）。運転の件以外は文句なしに優秀な学生だから、そのことは強調しておきたい。

そこで、彼の素晴らしい点をしっかり伝えてから、もう少し運転もするように話し、最後にもう一度ほめようと考えた。そうすれば、面接が終わった途端に「辞めます」というメールが届く可能性は低くなるだろう。

後で知ったのだが、このようなアプローチは私が発明したわけではなく、**「シット・サンドイッチ」と呼ばれる一般的なマネジメントのテクニックだ**。もう少し上品な名前でもよさそうだが、**相手の嫌がるシット＝厄介なことを伝える際は、かなり効果がある。**

この日、私は次のようなサンドイッチを作った。

●最初にほめる（1枚目のパン）

「わざわざ面接に来てくれてありがとう。何回か急なシフトを引き受けてくれて、本当に感謝しているのよ。本当に困っていたときに、あなたが助けてくれたから」

●「シット」を挟む（サンドイッチの具）

「もうひとつ、助けてほしいことがあるの。私が聞いているところでは、仕事に行くときはパートナーがほとんど運転をしているそうだけど、あなたも知っているとおり、全員に運転を分担してもらうことになっている。少なくとも半分はあなたが運転すれば、パートナーと平等になると思うんだけど」

●最後にもっとほめる（2枚目のパン）

「こんなことを言うのは、あなたが大切だから、チームの貴重な戦力だと思っているからよ。先に感謝を伝えておくわ。これからはもっと運転してくれることと、これまでにあなたが会社に貢献してくれたすべてのことに、ありがとう」

まあまあの出来だった。

なぜか増えるクレーム

評価面接が待ち遠しいと思ったことは一度もなかったが、シット・サンドイッチは話をしやすくしてくれた（とはいえ、このアプローチの本来の効果は出し切れなかった。この後、私はサンドイッチを皿から吹き飛ばすような、もっと素晴らしいアプローチを学ぶことになる）。サンドイッチの提供の仕方がうまくなるにつれて、私は安心して面接に臨めるようになった。

やがて、1学期ごとの評価面接を待つだけでは、建設的なフィードバックができないことに気がついた。学生に自分で問題を解決するように促し、掃除後の点検もやめてからは（つまり、私がひそかに掃除をし直すこともやめてからは）、帰宅したクライアントが不備を見つけることもめずらしくなかった。

大半の学生は自主性を認められて成長し、クライアントを喜ばせていたが、一方で失敗が続いたことも確かだ。クライアントの家を出る際に、ホームセキュリティのアラームのセットを忘れる。ゴミを捨てに出たときにドアを開けっ放しにして、ペットを逃走させる（どのペットも無事に発見した！）。ブラインドをモップで掃除する……。

学生からのSOSの電話はなくなったが、代わりにクライアントからの苦情の処理に追われるようになった。10歳の子供にお小遣いを渡して掃除をさせたほうが、まだましだったと言われたこともある（恥ずかしいかぎりだ）。クレームを受けた場合は、会社の評判を下げないように料金の割引を申し出ることも多かったが、応急処置にすぎないことは私もわかっていた。

問題は日に日に増えた。同じ学生が2階に掃除機をかけることを忘れるたびに、クライアントに25ドルを返金した。2階にもほこりはたまることを学生に教えるのに、次の評価面接まで待つのはばかげていた。そこで、1学期に1回ではなく、より適切なタイミングでサンドイッチを提供するようになった。

大半の学生は、良い点で悪い点を挟むフィードバックを自分に対する応援と受け止めてすぐに改善したが、このような会話を消化できない学生もいた。床と壁の境目の幅木も拭くようにといった小さな指摘をされただけで、涙があふれ出す人もいた。めったにないことではあったが、学生の親から、20歳の「子供」に向かってモップのかけ方にダメ出しをするなんてどういうつもりか、というメールも来た（やれやれ）。

学生が批判にとびきり弱い理由

サンドイッチの時間が怖くて、あらゆる手を尽くして私を避ける学生もいた。通常の評価面接ではない時期に私のオフィスに来てほしいと連絡すると、ありとあらゆる言い訳を並べて行けないと言い張るか、代わりにメールをしてくれと伝えてきた。

面接をしたいと言っただけで、「クビですか？」という反応もあった（批判したら学生が辞めてしまうと私は思っていたが、学生のほうも批判されたらクビになるかもしれないと思っていたのだ）。

スチューデント・メイドで働く学生の多くが、批判されることにこれほど神経質になるのには理由がある。そして、私の大げさな称賛と激励に対する反応が好ましいことにも理由がある。**ミレニアル世代は「参加賞世代」とも呼ばれる。私たちは、子供のころは参加するだけでほめられた。**サッカークラブに入り、シーズン中ずっとベンチを温めていても、みんなと一緒にトロフィーをもらう。運動会でビリでもリボン。学校の成績がAでもCでも、ごほうびのシール。教師からもコーチからも親からも、常に「あなたはすごい。あなたは特別。それでいい」と言われ続けてきたのだ。

もちろん、私の会社で働くすべての学生が、そうだというわけではない（さらに、これは特定の世代に限った問題でもない。ミレニアル世代ではない多くの人も、フィードバックの受け止め方に苦悩している）。

しかし、一部の学生が批判に対してことさら弱い理由は、彼らがとびきり大切に育てられてきた環境と関係があるだろう。ほめられて育った彼らが仕事に就き、評価面接やシット・サンドイッチで生まれて初めて、本物の率直なフィードバックを経験する。生まれてからずっと、あなたは最高に素晴らしいと言われ続けてきた人は、例えば上司からダメ出しをされたら、どう受け取ればいいのか本当にわからないのだろう。

頻繁なフィードバックがミレニアル世代の若者に自信を与える

「シェパーズパイの時代」は、チームのみんなが自分の問題を自分で解決しようと奮闘する姿を、私はなるべく見守るようにした。状況が難しいときほど、私が距離を置くことによって、彼らは問題を解決できるという自信を身につけた。

批判的なフィードバックを伝えれば、私は気まずい思いをするかもしれないし、学生は厳しいと感じるかもしれない。しかし、今回も全員にとって最善の結果につながるだろうと私は思った。批判的なフィードバックを通じて、学生には自分を理解する力が大きく養われるだろう。その経験は清掃の仕事だけでなく、彼らの今後のあらゆる仕事に、きっと役立つはずだ。

そして、どういうわけか、**サンドイッチ方式の対話が増えるほど、学生は嫌がらなくなった。最初は尻込みしていた人も、私が彼らの弱点をあげつらって打ちのめそうとしているわけではないと理解した。私は彼らが成功できるように、手助けしたいだけだ。**そして彼らは、自分が向上することによって、スチューデント・メイド（と自分自身）を手助けしたいと思うようになった。

もちろん、私のように、フィードバックの船に飛び乗ることをためらう人もいるだろう。私自身、今も戸惑いがある。そんな人の背中を、エバの代わりに私が押そう。２０１５年にフォーブス誌が行った調査では、ミレニアル世代の約90％が、仕事で頻繁に、あるいは継続的にフィードバックを受けると、より自信を感じると答えている。

ハーバード・ビジネス・レビュー誌が2014年に発表した調査によると、被雇用者の72%（さまざまな世代を含む）が、より的確なフィードバックが自分のキャリアにプラスになると考えている。

フィードバックは実際に素晴らしいことなのだ。フィードバックを敬遠する人から（私もその1人だ）不当に非難されているにすぎない。

私は試行錯誤を繰り返しながら、学生にとっても、リーダーとしての私にとっても、望ましいやり方にたどり着いた。片手に評価シート、片手にサンドイッチを持ちながら、学生に自信を持たせつつ、彼らが改善するべきところを伝えるためのバランスを見つけたのだ。

フィードバックを受けて辞める学生はいなくなった。涙を流す人も減った。私は自分で自分をほめたい気分だった。

ただし、その続きは言うまでもない。私はすぐに、自分には学ぶべきことがたくさんあると実感させられたのだった。

◉共同オフィスから独立して感じるプレッシャー

インキュベーターに入居して2年近くが経ち、スチューデント・メイドは私の想像を大きく超えて成長した。

幸運にも恵まれた。同じ建物にいた起業家の中には事業を続けられそうにない人もいたが、私たちのスペースは盛況だった。入居しているどのスタートアップよりも多くのスタッフを抱えていた。とはいえ、ほかの会社が重要な電話をかけ、ミーティングを開いている最中に、学生が掃除機やほうきをガチャガチャと鳴らしながら出たり入ったりするという状況は、限界に近づいていた。そろそろ独立したオフィスが必要だった。

この時期には、少々ぜいたくをする資金の余裕もできていた。そこで、専有できるスペースを新たに借りることにした。個室が四つと共有エリア、備品を置く広い倉庫。インキュベーターの40平米ほどのオフィスに比べたら、宮殿みたいだった。エリンとアビーにもそれぞれ小さな個室を割り当てて、私はジーンズを新調した。数百万ドルを稼ぐ超一流のスタートアップには程遠かったが、クレイグズリストの1件の広告から始まった会社にしてみれば悪くはなかった。

私は自分たちの成長を心から喜んでいたが、不安でたまらなかった。インキュベーターを出て、厳しい現実をあらためて感じた。新しいスペースの賃貸は3年契約だった。

大半の会社は最初の5年間でつぶれると、どこかに書いてあった。スチューデント・メイドは絶好調だったが、この勢いを持続しなければならないという新たなプレッシャーを感じずにはいられなかった。長期的な成功を目指す最善のアプローチは、私が現場にのめり込まずに全体を見渡すことだと、インキュベーターのメンターから教わった。今こそ実践するときだ。

成長とともに会社が憂うつな雰囲気に

日常業務はエリンとアビーに任せ、私はできるだけ多くの時間をコミュニティでのネットワークづくりに費やし、スケジュールの調整がつく限り人と会った。すべては、新しいクライアントとの契約を獲得するためだった。

オフィスにいるときは、学生とすれ違うたびに励ますより、仕事が取れそうな営業先にフォローの電話を入れることに集中した。オフィスを移転した後も評価シートとサンドイッチは私の仕事だったが、しだいに時間の余裕がなくなった。ただし、学生にサンドイッチを提供する仕事をエリンやアビーに代わってもらうのは、適切とは思えなかった。そういった繊細な問題をすべて任せられるほど、信用できる人がいないという気持ちもあった。

評価シートを持ち歩いていたクリップボードを処分して（お疲れさま、クリッピー）、ポンポンを箱にしまい、職場のモラルを維持する責任はエリンとアビーに託したが、サンドイッチ作りは引き続き私の担当にした。

結果として、私のポンポンがほこりをかぶることになったのは、良くない判断だった。スチューデント・メイドはいろいろなことが変わり始めた。オフィスに来たメンバーは冴えない顔をしていて、自分のシフトが終わった後にフロアでのんびりすることもなくなった。急に辞める学生も増えた。

古株の数人が何の前触れもなく辞めたとき、何か本当にまずいことが起きていると気がついた。彼らは具体的な理由を説明せず、違う仕事を始めるとしか言わなかった。でも、私は本当の理由を知っていた。スチューデント・メイドは前向きなチームから、憂うつな職場に変わってしまったのだ。私の最悪の不安が、現実になりつつあった。

初めはエリンとアビーのせいだと思った。彼女たちはどうしてここまで放っておいたのだろう。常に学生をほめて評価することの大切さは、２人には繰り返し伝えてきたはずだ。私と同じように、彼女たちも生まれながらのチアリーダーだと思っていたが、そこまでではなかったようだ（そのこと自体は、決して彼女たちのせいではなかった）。

私が近くにいないときでも、みんなが前向きになり、士気を保ち続けられる方法を見つけなければならなかった。

幸い、私はまもなくリッチと出会った。彼がいなかったら、私たちも創業から5年以内につぶれていたかもしれない。

◉リッチとの出会い

リッチ・ブレイザーと知り合ったのは、地元で開催されたスタートアップと投資家の親睦会だった。

私が親睦会に参加したのは、投資家を探すためではない。新しいビジネス仲間を求めていたのだ。インキュベーターを出てからは、毎日ほかの起業家と会ったり、コーヒーを飲みながらエバと人事の話をしたりすることもなくなって、ひどく孤独を感じていた。だからこのような会合があると聞けば、真っ先に参加を申し込んでいた。スチューデント・メイドの成長に伴う痛みについて、信頼して打ち明けることができ、共感してくれる相手が欲しくてたまらなかった。

リッチと初めて会った夜、彼は友人のダリンと起業したいきさつを詳しく話してくれた。20年前、大学を卒業したばかりの2人はインフィニット・エナジー社を立ち上げた。私は自分がかなり苦労したと思っていたが、彼らの会社は初めて融資を受けるまでに2年かかった。彼らにようやくチャンスを与えた人は、今ごろ安堵していることだろう。会社は大成功を収めている。従業員は現在400人。アメリカの五つの州で天然ガスと電力を販売し、年間の売上げは6億ドルを超えていた。

リッチと私は似ていた。まず、彼はジーンズを履いていた。そして彼の会社は、フロリダ州で最も働きたい会社ランキングに、数回連続で登場していた（それは私の夢でもあった）。さらに話をしているうちに、**私たちはとても大きな共通点を発見した。自分の会社が優れているのは、会社で働く人が素晴らしいからだと、2人とも信じていることだ。それ以上に私たちが求めているのは、自分の会社で働いているから素晴らしい人になるということだ。**

リッチのような人にはビジネス仲間がたくさんいるに違いないが、もう1人くらい増えても大丈夫かもしれないと思った。

うれしいことに、彼も私に同じような共感を覚えていた。親睦会がお開きになった後、私はリッチから誘いを受けた。彼は若い起業家にコーチをする集まりを企画しており、興味はあるかと聞かれたのだ。

興味があるどころか、まさに私が求めていたものだ。

集まりの趣旨はシンプルだった。リッチを含む6人のメンバーが1人ずつ、自分がうまくいっていることと、うまくいっていないことについて話をする。同じ問題に悩んでいる人がいれば話に加わり、みんなが納得できるような解決策が出たら次の問題に移る。インキュベーターの火曜日の朝のミーティングに似ていたが、こちらの集まりは4、5時間続くことも多く、リッチが誘った参加者の全員が、同じようなペースで成長している会社を経営していた。

幸せなオフィスの魔法

数回目の集まりの日に、リッチはインフィニット・エナジーのキャンパスを案内してくれた（まさにキャンパスと呼びたくなる広さだ）。忘れられない見学ツアーになった。どこの部署でも実に楽しそうに働く人々の姿に、私たちは目を疑うほどだった。営業部門のフロアでは、スコアボードのようなものの前に4、5人が集まり、笑顔で声を弾ませながら、互いに背中をたたいていた。

彼らのエネルギーに刺激されて、私は数年前にビルとアパートメントの浴室でダンスをしたときのことを思い出した（トイレ掃除にうんざりしていたが、私のチアリーディングで生まれ変わった、あのビルだ）。リッチの説明によると、スコアボードは営業成績の一覧表で、目標を達成したチームが喜んでいる最中だった。

魔法が起きているのは営業のフロアだけではなかった。リッチはほかの建物を案内しながら、私たちに従業員を紹介した。彼らの多くは勤続10年や15年、さらには20年だという。仕事が大好きで、配偶者や子供もインフィニット・エナジーに入社させたという人もいた。

私の会社の学生も、少し前までは友人をスチューデント・メイドに誘っていた。私が学生を応援することにもっと時間を費やし、学生が仕事をもっと好きだった時期の話だが。

リッチとダリンは数百人の従業員を抱えている。私が毎日、会社のすべてのスタッフの様子を確認する時間がないのだから、彼らにもそんな時間はないはずだ。実際、キャンパスを案内しながら、リッチはすべての従業員を知っているわけではないと認めた。

それでも、**私たちがインフィニット・エナジーで会った従業員は全員が、無限《インフィニット》に幸せそうに見えた。どうすればそんなことが可能なのだろう。**Y世代にまつわる巻の情報は必要ない。私はリッチが実践していることを、すべて知りたいと思った。

見学を終えて会議室に戻ったとき、リッチのような人から学ぶ機会を得たことに心から感謝したことを、私は今も覚えている。彼のやり方を真似すれば、スチューデント・メイドはいつの日か、インフィニット・エナジーの半分くらいの規模に成長できるのではないかと思った。

◉リッチが教えてくれた1冊の本

リッチはまず、自分はリーダーシップについて本からたくさんのことを学んだと、熱弁をふるった。そして、私たち一人ひとりが貪欲な読者になるように勧め、彼のお気に入りの本を紹介した。経営コンサルティング会社の社長で、組織マネジメントに詳しいパトリック・レンシオーニの『なぜCEOの転職先が小さなレストランだったのか』（NTT出版刊）だ。

レンシオーニはこの本で、働く人がみじめになる仕事のリスクを指摘し、仕事をみじめなものにする三つの要因を挙げている。すなわち、無評価（自分のパフォーマンスを具体的な形で直接評価する方法がない）、匿名性（自分の貢献がリーダーに認められている、自分がリーダーに理解されている、と感じる機会がない）、無関係（自分の仕事がどのような違いをもたらしているのか、なぜ重要なのかがわからない）だ。

リッチに薦められた本のおかげで、あの夏の日に45人が私のもとを去った本当の理由が、ようやくわかった。私はクラブハウスのアームチェアでくつろぎながら、誰のパフォーマンスも評価していなかった。私が彼らの価値を認めていることを、誰にも伝えていなかった。バスタブをこすり、床を磨くことに意味があるのだと思える理由を、私は何も語っていなかった。

私は、彼らがみじめになる仕事を与えていたのだ。あのままだったら、私もいずれ辞めていただろう。

時間があるときに学生を応援することが大きな効果を上げた理由も、以前より納得できるようになった。私たちのチームに入ってくれて本当に感謝していると伝えるたびに、学生は、自分が匿名の存在ではなく評価されていると感じていた。彼らが一生懸命に働いてくれることが、私とチームにとって大きな意味を持っているのだと伝えるたびに、彼らは自分が無関係ではないと感じていた。

私がチアリーディングのポンポンを箱にしまった途端に、スチューデント・メイドにみじめさが忍び込んだのも当然だったのだ。

ただし、私が全力でこれらを改善する努力をしても、職場としてのスチューデント・メイドの幸福感は、インフィニット・エナジーで目の当たりにしたものに比べたら貧弱だった。その理由は、彼らには広大なキャンパスがあるが、私たちには4部屋と倉庫しかないから、ではない。**リッチたち経営陣は会社が成長を続ける間も、「みじめになる仕事の三つのサイン」の一つひとつを解決する方法を見つけていたのだ。**

私も解決策を見つけなければならなかった。

◉仕事をみじめなものにする三つの要因を退治する

レンシオーニの本で読んだすべてのことを、一刻も早くエリンとアビーと共有したくてたまらなかった。私たちはすぐにブレインストーミングを始めた。どうすればスチューデント・メイドからみじめさを永遠に追放できるだろうか。

まず「無評価」の問題に取り組んだ。レンシオーニは小さなイタリアンレストランを例に挙げ、レジ係の仕事を評価する一つの基準として、顧客満足度をリアルタイムで測ることを提案している。接客した相手が笑顔になった回数を数えて、自分のパフォーマンスの目安にするのだ。レジ係は笑顔の数を増やそうと、熱心に働くようになった。

ただし、スチューデント・メイドでは、笑顔の数を数えるわけにはいかない。レストランを含む大半のサービス業と違って、学生はクライアントと最低限の接触しかしないからだ。クライアントは基本的に、清掃中は家を留守にする。法人の場合も清掃は操業時間外に行うから、やはりほとんど人はいない。

スチューデント・メイドの学生が、自分たちがどのくらいよく働いたかを（あるいは、あまりよく働かなかったことを）具体的に知るためには、私から伝えるしかなかった。しかも、クライアントがエリンやアビーに掃除の出来栄えについて話し、彼女たちが私に報告して、ようやく私から学生に伝えることができるという具合だった。

クライアントからのフィードバックを学生に直接伝えるにはどうすればいいか。この難題を解決するために、私たちは調査を行った。**クライアントにもメールを送り、清掃の評価を依頼したのだ。「良くない」「良い」「素晴らしい」「完璧」の4段階の評価と、コメント欄に理由を書いてもらった。クライアントからの返信メールは評価が良くても悪くても、清掃を担当したチームに転送して、自分たちのパフォーマンスを確認できるようにした。**

毎回すべてのクライアントから返信があった、と言いたいところだが、クライアントは忙しいから清掃を頼むのだ。回答率は高くても60％だった。それでも学生のパフォーマンスに関する情報が、従来に比べて60％増えたことになる。こうして私たちは「無評価」を乗り越えた。

クライアントに評価を依頼したことは、予想外の恩恵をもたらした。コメント欄を通じて、学生の働きがクライアントの生活にどのような変化をもたらしているか、具体的に説明してくれたのだ。例えば、夕食後は整理整頓に追われることもなく、子供と過ごせるようになった。掃除をした後にディナーパーティーを開いたクライアントは、部屋がきれいだとゲストにほめられた。夫婦仲が良くなったと喜ぶ人さえいた（家事をめぐるけんかは熱くなりやすいものだ）。これで「無関係」も合格だ。

手ごわかった匿名性退治

みじめになる仕事のサインは残り一つ。「匿名性」は手ごわい壁だった。

学生を1人の人間として認める方法を、私が直接関わらなくても機能する方法を、考えなければならなかった。そこで思い出したのは、インフィニット・エナジーの営業部門で見た光景だ。従業員がスコアボードを取り囲み、自分たちの営業成績を見ながら成果をほめ合っていた。

そのときリッチは私たちを案内していて、従業員の輪の中にいたわけではない。リッチがいなくても、自分たちは評価されていると従業員が感じることができたのは、彼らが相互に認め合う機会が用意されているからだ。

そこで、クライアントが「完璧」と評価したケースをオフィスの壁に掲示して、誰でも見られるようにした。たしかエリンかアビーが提案したのだと思う。リッチの会社で見た薄型液晶モニターのスコアボードと同じだ。ただし、私たちのスコアボードは模造紙とマジックのお手製だったが。私たちはこれを「ワオ！の壁」と命名した（名前を思いついたのは、間違いなく私だ）。

「ワオ！の壁」は素晴らしい変化を起こした。チアリーディングの精神を維持できるのは私だけだと自負していたが、伝染するように広がり始めたのだ。

「壁に名を刻んだ」学生がオフィスに来ると、エリンとアビーが「おめでとう！」と声をかける。

するとほかの学生も、ポンポンを振るかのように、クライアントを感動させたチームメイトに称賛を送った。

「完璧」の評価は、クライアントから絶賛されたという紛れもない証拠であり、学生は自分の名前が壁に掲載され続けたいと思う。そして「完璧」に届かなかった学生は、次は自分の番だと努力する。オフィスの壁の一角を見て、どうすればそこに自分の名前が載るだろうかと考える。それだけで変化が起きるのだ。

私も自分のデスクに向かうときは、必ず「ワオ！の壁」の前を通った。そしてそのたびに、無評価と匿名性と無関係を食い止めることが、リーダーとしての自分の仕事なのだとあらためて思った。同時に、その責任を果たす手助けをしてくれる人がいることも実感した。

スチューデント・メイドのチアリーディング部は、もう私ひとりではなかった。私がどんなに忙しくても、長時間オフィスを離れても、ここに戻ってきたときには、前向きのエネルギーがあふれているという自信が持てるようになった。

クライアントからの評価が、これほど短期間でスチューデント・メイドの雰囲気を盛り上げるとは、想像さえしていなかった。

◉「ワオ!の壁」の逆転現象

自分のパフォーマンスが評価され、公に認められるようになると、学生は誰とチームを組みたいかを考えるようになった。優秀なスタッフは、新人や経験が浅い人、あるいは平均点の人を敬遠した。それまでは清掃のパートナーについて個人的な好みを主張する人はほとんどいなかったし、パフォーマンスに関する不満も、まず聞かなかった。

しかし、次のシフトで割り振られたパートナーが、「モップが下手なマット」や「雑巾がけができないダニエル」だとわかるや否や、学生は私にメールを送り、スケジュールの変更を切実に訴えるようになった。

私のやるべきことはわかっていた。シット・サンドイッチの出番だ。ポンポンを振り回すのではなく、改善すべき点と、私たちが全力で味方をすることを伝えるのだ。ただし、私がすべてのサンドイッチを自分で作ることは、もはや不可能だった。そんなことをしたら腕がもげてしまう。

しかし一方で、優秀なスタッフが不満を持つ理由もよくわかった(プロジェクトのグループとして評価された経験がある人なら、きっとわかるだろう)。他人の不手際のせいで自分の名前が「ワオ!の壁」に載らないことに、納得がいかないのも無理はない。

結局、私は安易な解決策をとり、学生が望むとおりの対応をした。彼らがパートナーについて不満を訴えたら、**今後はあらゆる犠牲を払ってでも同じパートナーと組ませないように、エリンとアビーに指示した**のだ。

言うまでもなく、反動はすぐに生じた。パートナー選びに新しい制限を加えたせいで、誰かと誰かを組ませようとするたびに待ったがかかり、シフトが回らなくなったのだ。それだけではない。学生にとっては、私に訴えれば何とかしてもらえるというメッセージになり、社内のほぼあらゆる出来事について、私に報告が来るようになった。

エリンとアビーに対する不満さえ、学生は私に言うようになった。すべてのスタッフの問題を私が率先して解決するという状態に、逆戻りしたのだ。なんということか。

全方向レビューをやってみる

リッチたちとの次のミーティングで、私は助言を求めた（正しくは、請い求めた）。

「あらゆる人が、不満を伝えるべき相手ではなく、あなたに訴えるようになったのはなぜだろう？」と、リッチは私に聞いた。

問題はそこだ。そして答えは、私がそのように仕向けたから、だった。

さまざまなアイデアや解決策を議論する中で、私は「シット・サンドイッチ」について話し、シットな状態が多くなかった時期は効果的だったと言った。すると、あるメンバーが「全方向レビュー」を提案した。

私から学生への評価とフィードバックは、インキュベーター時代にエバの助言で始めていた。それに加えてエリンとアビーが評価をし、学生同士も互いに評価をする。さらには、自分のパフォーマンスを自分で評価する。最終的にすべての人が、自分がどのような役割を果たしているかについて、総体的な視点を持てるようにするのだ。**社内のあらゆる所から、あらゆる人間関係の不満が私のもとに集まっていることを考えれば、全方向からの評価とフィードバックはうまくいきそうな気がした。**

リッチのミーティングで実践したいと思う助言をもらったときは、私たちの独自のビジネスモデルに合わせて修正する必要があった。全方向レビューを提案したメンバーの会社では、3人か4人のグループで評価を行い、フィードバックは必ず対面で伝えていた。しかし、スチューデント・メイドの学生は、延べ数十人のパートナーと組んでシフトに入り、一人ひとりに授業や課外活動のスケジュールがあるため、数人がある程度の時間、物理的に1ヵ所に集まることは不可能だった。

そこで、私たちの全方向レビューはオンラインで実施することにした。まず、学生は自分のパフォーマンスを振り返った。うまくできたことは何か。どんなステップアップが必要か。続いて、これまで一緒に働いたことがある人の全員について、パフォーマンスを採点した。調査票にはスチューデント・メイドで働くすべてのチームメイトの名前を列挙して、清掃の質を1点から10点で評価する欄と、10点未満の場合に改善点をコメントする欄を設けた。

さらに、学生がエリン、アビー、私をそれぞれ1点から10点で評価し、私たちのリーダーとしての振る舞いについてコメントした。フィードバックはすべて匿名で行うことも、あらかじめ説明した。自分の発言で不都合が生じることはないと安心してもらいたかったし、学生同士で評価について話し合いやすくしたかったからだ。そして全員のレビューを集計した後、一人ひとりに、本人に対する評価の内容と、エリンとアビーと私からのフィードバックだけを伝えた。

私は……5点!?

私自身に対する評価を読む際は、自分でも意外なことに、少し……かなり神経質になった。エリンとアビーも身構えていた。私たちのパフォーマンスについて、学生からフィードバックを受けるのは初めてだった。私に向かって何かしら悪く言える人は、さすがにいないだろうと思っていたが（私はチアリーディング部のキャプテンだ）、実際に確かめるのは初めてだった。

1人目——10点。「不満はありません！　クリステン、あなたは最高です！」

ありがとう。私は安堵のため息をついた。

いくつか似たような評価が続いた。

5人目——6点。「玄関の目の前に駐車している。不公平です。私たちは離れた所から掃除用具を運ばなければならないし、時間がないときや雨が降っているときは最悪です」

二度と玄関前には駐車しない。絶対に。

9人目——7点。「人に甘すぎる。いいようにあしらわれている」

そうなの？

11人目——5点。「いい顔をしすぎ。相手が求めているものを、すべて与えるべきではない」

チアリーダーとしての期待は空振りに終わった。最終的に、私の平均点はぎりぎり5点に届かなかった。午前9時だったが、ワインでも飲まなきゃやりきれない気分だった。

「最悪よ！」私はフロアの反対側にいたエリンとアビーに向かって叫んだ。

「こんなこと、二度とやらないからね」と、エリンが声を張り上げた。

続けてアビーが言った。「二度とやらない！」

◉全方向レビューの価値は証明された

自分の評価を読んだときは頭がクラクラしたが、全方向レビューが当初の目的を果たしただけでなく、それ以上の影響をもたらしたことはすぐにわかった。

レビューの結果が出て数週間後には、私も冷静になった。あらゆる点で完璧な評価を得た学生は1人もいなかった。特に優秀な学生も含めて、全員に改善すべき分野があった。

思わぬ成果としては、パートナーの選り好みが減った。エリンとアビーに関する不満も少なくなった。不満に思っていることを本人に伝えることができたため、私が愚痴や怒りのはけ口になる必要もなくなった。

学生たちは私が思っていた以上に、学生同士だけでなく、エリンやアビーに、そして私に、言いたいことがたくさんあった。当然だろう。私はせっせとサンドイッチを作っていたが、誰も私にサンドイッチを提供する機会がなかったのだから。より良いリーダーになろうと真剣に思うなら、学生からのフィードバックに耳を傾けて、私自身が成長しなければならない。すぐに取り組むべき課題も見えてきた。

私はオフィスの玄関前に駐車するのをやめた（現在もハリケーンの最中でさえ、玄関から最も遠い空きスペースに止めている）。「いい顔をしすぎる」点については、私が清掃のパートナーに関する希望をあちらでもこちらでも受け入れて、ゴッドマザー気取りでいることを周りがどのように感じているか、考えてみたこともなかった。

でも、やりすぎだと思われていたことがわかってよかった。これで方針を変えやすくなる。エリンとアビーも自分が改善できる点を理解して、自分に対する評価を心に刻み、それぞれの課題と向き合った。

こうして全方向レビューの価値が実証され、年に2回、実施することになった。全員が毎回評価の対象となり、チームメイトとして、リーダーとして、自分たちがどうすれば成長できるかを学んだ。レビューを重ねるごとに、自分に対する評価を前向きに受け入れられるようになり、改善が必要な点に進んで取り組むようになった。

私も、リーダーは定期的に、率直なフィードバックを受ける必要があることを理解した。よくある評価の手法にすぎず、画期的な改革ではなかったが、スチューデント・メイドにとって重要な変化となった。学生に初めて、私たちリーダーや、一緒に働く仲間を評価する機会を与えたのだ。ただし、問題は、評価とフィードバックをパソコン上で行っていたことだ。

「ワオ！の壁」は、学生が仲間を応援する機会になった。しかし、顔と顔を合わせてフィードバックを伝えても気まずくならない方法は、まだわからなかった。その後も数年にわたり、社内の不満や衝突に対応する主なアプローチは、匿名のオンラインのレビューだった。

そして、スチューデント・メイドにFBIがやって来た。

◉コミュニケーションのFBI

ボブ・チャップマンがCEOを務めるバリー・ベーミラーは、ミズーリ州セントルイスを拠点とする設備エンジニアリング企業だ。資本金は30億ドル、全世界に1万2000人以上の従業員を擁する。あるときチャップマンは、アスペンに所有する牧場で私的なカンファレンスを開催し、私は講演者として招待された。私は会社を経営していなかったら、彼の下で働きたかった。

彼は自分の会社について説明する際に、製造している機械の話から始めるのではなく、こんな話をする。「私たちの成功は、私たちが人々の人生にどのように関わるかによって決まる。私たちがやっているすべてのことが、そこにつながっている」

私がバリー・ベーミラーを敬愛する理由は、彼らが行うすべてのことが、従業員の成長を後押ししているからだ。同社が長年行っているコミュニケーションの研修は、会社だけでなく、家庭でも対人関係を劇的に変えることで知られている。

研修の成果は目覚ましく、会社はバリー・ベーミラー・ラーニング研究所を設立して、3日間の研修プログラムを社外にも提供するようになった。受講者は社内外で延べ1万人以上。幸運なことに私もその1人だ。この研修で、私はFBIを学んだ。もちろん、あのFBIではない。フィードバックを与える際に、シット・サンドイッチ方式よりはるかに効果が高いアプローチのことだ。

大半の人が誰かにフィードバックを伝えるときに直面する問題は、肯定的なメッセージの間に要点を挟むサンドイッチ方式でも、それ以外のやり方でも、受け取る側に自分の振る舞いを変えようと思わせる伝え方になっていないことだ。

本当に効果的なフィードバックには、次の3点を意識したコミュニケーションが必要だ。すなわち、自分（フィードバックを与える側）はどんな気持ちなのか。そのような気持ちにした相手（フィードバックを受け取る側）の具体的な振る舞いとは何か。その振る舞いが会社や人間関係などにどんな影響を与えているか。この3点をわかりやすく伝える。

気持ち（Feeling）、振る舞い（Behavior）、影響（Impact）のFBIだ。

FBI方式のフィードバックは、例えば次のようになる。

「昨日の午後、あなたが打ち合わせに30分遅れたことに私は失望している。これからあなたを信頼していいのか、私はわからなくなった」

ほめるときもFBI

ＦＢＩの基本は次のとおりだ。

F（気持ち） 相手の気持ちではなく、自分の気持ちに焦点を絞って話すと、受け取る側は反論しにくくなる。例えば、遅刻した人に向かって「あなたには責任感がない」と言うと、理屈っぽい言い訳の余地が生まれる。「それは違う、責任はちゃんと感じている」と主張することもできるからだ。しかし、「私は怒っている」「私は失望した」と言えば、そのように感じたことを否定する余地はほとんどない。

B（振る舞い） フィードバックを受け取る側は、自分のどのような振る舞いに問題があったのかを知る必要がある。具体的に指摘するほどいい。「遅刻した」だけでは、いつのことか正確に思い出せないかもしれない。

I（影響） 周囲に否定的な影響を与えるような振る舞いを意図的にする人は、基本的にいないだろう。そして、自分の振る舞いが否定的な影響をもたらしたと気づいたら、同じことは繰り返すまいと思うだろう。そこで、遅刻がどのような影響をもたらしたのか――信頼していいのかどうか、わからなくなった――具体的に伝える。

ＦＢＩはさらに、相手を認めていることを伝えるアプローチとしても最適だ。相手を認める「正しいやり方」があるとは、考えたこともなかった。言葉にすればそれなりに伝わるだろうと思っていた。

しかし、漠然とした注意だけでは相手の振る舞いが変わらないように、差し障りのない称賛――「あなたって本当にスゴイ！」――は、士気を高めることにつながらないだろう。ほめることが目的になっては意味がない。まさに、参加するだけでほめられる「参加賞世代」だ。何もかも最高に素晴らしいとほめられても、自分の何が本当に素晴らしいのかは、わからないだろう。**時間どおりに来て、やるべきことをやっただけで感謝を言い募るのではなく、予想以上の振る舞いを理由に相手を認めるほうが、はるかに効果的だ。**

そこでＦＢＩの出番だ。相手のおかげであなたがどのような気持ちになったか、具体的にどのような振る舞いのおかげか、彼らの振る舞いがどのような影響をもたらしたか。これら3点を明確に伝えれば、相手はその振る舞いを何回でも繰り返そうと思うだろう。

例えば、「あなたが遅くまで残業して、私の報告書の作成を手伝ってくれたことに感謝している。おかげで私は、子供を寝かしつける時間までに帰宅できた」と言われた相手は、次にあなたが手伝ってほしいときに、進んで残業しようと思うかもしれない。

有給の社内ワークショップ

バリー・ベーミラーの研修ではほかにも多くのことを学んだが、私にとってFBIの右に出るものはない。簡潔で、実践しやすく、しかも効果的だ。スチューデント・メイドで働く全員に、FBIの達人になってほしいと思った。その数年前から、社内で波乱に満ちた出来事が続いていたからではない。オンラインのレビューの時期を待たなくても、学生が不安や不満を共有できる機会をつくりたかったのだ。

私も彼らにできるだけ早くフィードバックを伝えたかったし、彼らがパソコンの画面越しではなく、顔と顔を合わせて言いたいことを言えるようにしたかった。そこでFBIを中心に、私がバリー・ベーミラーの研修で学んだことに基づいて、半日間のワークショップを考案した。このワークショップは現在もスチューデント・メイドで働く全員が必ず受講しなければならず、受講時間に対して給料が支払われる。

FBIはシット・サンドイッチに完全に取って代わっただけでなく、匿名の相互評価も必要なくなった。同僚と向き合う効果的な方法を学んだ学生は、人間関係の問題は本人同士で解決できるという自信を持つようになった。今ではスチューデント・メイドで働く誰もが、私も、運営チームのメンバーも、学生も、相手の間違いを正すようなフィードバックを、誰に対しても効果的

に伝えることができる。

そのようなフィードバックは可能なかぎり、直接話すように奨励している。相手に声をかけて、「あなたにＦＢＩを伝えたい」と言えばいい。簡単なことだ。簡単にできるから、学生はスチューデント・メイド以外でも実践するようになった。ある学生は授業中に教授から不当にいじめられていると感じて、教授にＦＢＩを伝えたところ、からかわれなくなった。

二つ目の「ワオ！の壁」

ＦＢＩは「ワオ！の壁」を見直すきっかけにもなった。

「ワオ！の壁」がなくなったわけではない。以前より大きく立派になって、今も私たちのお気に入りのスペースであり、クライアントのコメントが並んでいる。ただし、多くのクライアントが評価アンケートに回答してくれる一方で、反応がまったくない人も少なくない。つまり、素晴らしい仕事をしたにもかかわらず、壁に名前が載らない学生もいる可能性が高かった。それを考えると、私は悲しくなった。

誰も自分の努力に気づいてくれないのだろうかと、毎日のように思い悩みながら帰宅している学生がいるかもしれないのだ。このような匿名性に関しては、「ワオ！の壁」に加えてＦＢＩでかなりフォローできた。

FBIを学んだ私たちは、学生がチームや会社にどのような貢献をしているか、より頻繁に気づくようになった。シフトの急な変更を引き受けてくれた、雑用を手伝ってくれた、オフィスの食器洗い乾燥機から食器を片づけてくれたなど、日々さまざまな「ワオ!」がある。きつい仕事を終えた学生がオフィスに戻ってきて、額から汗を流しながら掃除用具を運んでいる姿を見かけたときは、彼らの働きぶりが私たちを支えているのだと、心から感謝の言葉をかけている。

そこで二つ目の「ワオ!の壁」を作り、チームのメンバー同士が伝えたいFBIを紙に書いて、掲示することにした。私たち運営チームが業務の範囲を越えて何かをしたときは、学生からFBIをもらうことも多い（心が和む瞬間だ）。FBIが習慣になるまでは、運営チームのメンバーにも、自分の努力を誰も認めてくれないのだろうかと思いながら帰宅する人がいただろう。今はもう、そんな心配は必要ない。

信頼口座のバランス

とはいえ、人を応援することと改善すべき点を伝えることの適切なバランスを、私はいまだに見つけられずにいる。2対1のサンドイッチか、1対1の均衡を保つか。あるいは5対1くらいが、自信を持ち続けられるだろうか。ほめすぎて建設的な批判が足りなくなれば、批判に耐えられない繊細な若者に逆戻りしてしまうのだろうか（これを考え始めると、私は今も眠れなくなる）。

私の愛読書『7つの習慣』（キングベアー出版刊）で、スティーブン・R・コヴィーは「信頼残高」について書いている。あらゆる人間関係には信頼の「口座」があり、残高がマイナスになると、自分は相手に過小評価されていると感じる。プラスの残高を維持するためには銀行口座と同じように、信頼の「引き出し」より「預け入れ」を増やさなければならない。

仕事では、相手を認めることが「預け入れ」、批判的なフィードバックは「引き出し」に当たるだろう。信頼の預金を引き出すことは避けられないが、預け入れを怠らなければ、残高はプラスを保てる。ただし、引き出すばかりで預け入れをしなければ、やがてマイナスの残高からさらに引き出すことになる。そのような状態に陥ったところには、自分は評価されていないと感じて、その人間関係を断ち切る（例えば、会社を辞める）という決断を下すだろう。

信頼口座の適切なバランスについて、専門家はそれぞれ異なる結論を出している。しかし、批判より拍手を少し多めにするべきだという点は、基本的に一致している。そのあたりから始めるのがよさそうだ（さまざまな組織で、チアリーディング部のキャプテンが喜んでいるだろう）。

◉ポンポンと評価シートと「ワオ！の壁」

私たちはリーダーとして、チームのメンバーが最善を尽くせるように手助けするという素晴らしい機会――と、とてつもない責任――を与えられている。だからこそ、彼らが私たちを失望させるようなことをしたときは、正直に、率直に、伝える必要がある。しかし同時に、私たちはポンポンと評価シートを傍らに置いて、「ワオ！の壁」の前に立たなければならない。

不都合なことに見て見ぬふりをしたくなったときは、いつもコートニーを思い出す。私は彼女にフィードバックを与えず、より良い判断をする機会を与えなかった。そして、学生が仕事で力を存分に発揮できず、みじめな思いをしていることに気づいたときは、ビルを思い出す。トイレブラシでひっぱたくのではなく、感謝と称賛を伝えることによって、私はゾンビになりかけた彼を生き返らせた。

人が学んで、成長して、成功するためには、フィードバックが必要だ。良い点だけでなく、悪い点や最悪の点も伝えなければならない。会社が繁栄するためには、組織のあらゆるレベルで、効果的なフィードバックを行うコミュニケーションの仕組みが必要になる。スチューデント・メイドはＦＢＩでこれを実践している。

▼「自分で決断する」ことと「なんでもやり放題」は違う。
▼私は、本当にチアリーダーになりたかったし、チアリーディング作戦は効果があった。
▼素晴らしいメンターに出会えるインキュベーターはこの上ない学びの場所。
▼自分の間違いを理解していない人には、私が教えなければならない。
▼シット・サンドイッチ（ほめて、注意して、もっとほめる）は本当に効果がある。
▼頻繁な効果的なフィードバックは、会社を手助けしたいという思いを生み出す。
▼無評価、匿名性、無関係の三つの要因が、仕事をみじめなものにする。
▼「ワオ！の壁」が再び前向きなエネルギーを職場に注ぎ込んだ。
▼自分の全方向レビューの評価を受け入れることは、自分自身は最初は苦しいが、効果は明らかだった。人は誰も完璧ではない。
▼ＦＢＩ方式（気持ち、振る舞い、影響）を取り入れて、学生を含む全員が顔と顔を合わせて建設的なフィードバックが行えるようになった。
▼二つ目の「ワオ！の壁」で、チームのメンバー同士が感謝を含むＦＢＩを伝え合えるようになった。

▼コヴィーの信頼残高を参考にするなら、相手を認めることが「預け入れ」で、批判的なフィードバックは「引き出し」に当たる。

破ってもいいルール、破ってはいけないルール

◉理想の学生を逃した理由

ドアをそっとノックする音が聞こえた。

5分前。上々だ。

面接は午後2時からの約束だった。採用を通じて私が学んだ教訓があるとすれば、時間に正確なことは重要な資質であるということだ。

私は室内を点検した。携帯電話はマナーモードにした？　オーケー。デスクの上は整頓されている？　もちろん。私の全身からスチューデント・メイドの情熱があふれている？　いつもどおり。私は両頬にえくぼができるくらい大きな笑顔をつくり、ドアを開けて、訪問者を温かく迎え入れた。

ジェイドを見た瞬間、合格だと確信した。陽気な笑顔、まっすぐな視線、自信に満ちた握手。ボタンダウンのシャツに、ブレザーまで羽織っていた。

「どうぞ。座って楽にしてちょうだい」

私はデスクを挟んで彼女の正面に座り、引き出しから採用条件のチェックリストを出して、お気に入りのペンを手に取った。

最初はいつもの質問からだ。「スチューデント・メイドのことはどこで知りましたか？」

「友人から聞きました。会社のウェブサイトも見て、あなたの物語に感動しました。1本のジーンズから会社を立ち上げたなんて、本当にかっこいいと思います」

素晴らしい。きちんと調べている。

「わかりました。履歴書によると、心理学を勉強しているそうね。どうして心理学を専攻したの？」

「昔から人間が大好きなんです」。彼女はとても落ち着いていた。「将来、心理学を活かして何をしたいのかは、まだよくわかりません。でも、授業は大好きです」

最高だ。私たちのクライアントは人間なのだ。

「これまでに働いた経験は？　仕事をしたことはありますか？」

「はい。大学に入ってこの街に来るまで3年間、地元のレストランでテーブルの片づけを担当していました」

汚れ仕事も平気というわけだ。しかも忠実に働く。質問をするたびに彼女の評価は上がる一方だった。

次のいくつかの質問にもジェイドは完璧に答えた。そこで、私はいつもどおり変化球を投げた。

「あなたのスピリット・アニマル（自分を象徴する動物）は何ですか？」

良い質問でないことは認めよう。

ジェイドは少し考えてから、キリンを挙げた。「キリンの視点は独特です。あらゆることを、かなり高いところから見ています。全体像を見ているんです」

ワオ！　この質問に意味のある答えをした人は初めてだった。

たった一つだけの大問題

それ以上の質問は必要なかった。ジェイドは100パーセント、スチューデント・メイドが求める人材だ。前日から働き始めてほしかったくらいだ。残りは形式的な質問ばかりだった。

「今日は面接を受けてくれて本当にありがとう。『ハウスキーピングの条件』をいくつか確認したら、面接は終わりです。まず、私たちは学生しか雇いません。あなたは学生だから大丈夫ね。GPAは？」

「3・7です。来学期は点数を上げたいと思っています」

その必要はなかった。採用条件は3・5以上だ。合格！

「次に、時間はどのくらい空いていますか？」私はためらいがちに聞いた。これは学生が辞める大きな理由でもあった。

「たっぷり空いています。毎日午後1時から、週末はいつでも働けます」

文句なし。合格！

「では、最後に、車は持っていますね？」

「ええと、その、実は持っていないんです」。ジェイドは下を向いたが、あわてて続けた。「でも、買うために貯金をしています」

待って！　お願い！　聞き間違いだと言って！

「今日はどうやってここに来たの？」私は優しい口調で聞いた。何か解決方法があるはずだ。

「歩いて来ました」

歩いて？　市街地からこんなに離れているのに？

私は冷静な表情を保ちながら、頭の中で必死に考えを巡らせた。

車を持っていないことは、大した問題じゃない。今回だけはルールを破ってもかまわないはず――いや、ダメだ。迷うまでもない。採用条件のリストは、それなりの理由があって決めた。車は必要だ。

「ごめんなさい、ジェイド。残念だけど、あなたが車を手に入れるまで、採用することはできないのよ」

彼女は落胆していた。

私も落胆していた。

あのように言うしかなかったのだろうか。

眠れぬ夜の理由は、採用条件

その夜は寝つけなかった。

ジェイドの面接を思い出しながら、何度も寝返りを打った。私の判断は正しかったのだろうか。正しくなかったという声が、頭の中でこだましていた。

翌朝、目が覚めたときは、とんでもない間違いだったと痛感していた。いったい私は何を考えていたのか（というセリフは、今も懲りずに繰り返している）。ジェイドはまさに、**スチューデント・メイドの顔となる人だ。働きたい会社について自分なりに調べていた**（そんな応募者は初めてだった）。**うちでは働けないと告げたときの落胆した表情は、彼女がいかに私たちと働きたかったかを物語っていた。しかも面接に歩いて来たという。おそらく歩いて帰ったのだろう。努力を惜しまない姿勢そのものではないか。**

朝食の間もずっと、車の問題を解決する方法を考えた。ほかのスタッフの車に乗せてもらう、友人に車を借りる、ローラースケートを使う、ヒッチハイクをする。彼女の自宅から近い現場に行かせるのもいい。私たちと働くことになれば、貯金して車を買えるではないか（そうだ！）。シリアルを食べ終えたらすぐに、ジェイドに電話をかけて驚かせよう。採用だ。

驚いたのは私のほうだった。

ジェイドは私が不採用を告げたすぐ後に、別の仕事が決まっていた。すでにいくつか面接を受けていたが、スチューデント・メイドが第一希望だったから、最終的な返事を保留していたのだ。いったん働くと約束した以上、取り消すことはできないと彼女は言った。

誠実のお手本のような人だ。やはり逃してはいけないチャンスだった。

あのときどうしてジェイドを帰らせたのか、今でも信じられない思いだ（しかも歩いて帰らせた。車で送っていくと言わなかったことも、今でも後悔している）。たった一つのばかげたルールを理由に、それまでに会った中で最高レベルの志願者を採用しなかった。しかし同時に、ジェイドが大きな教訓を学ばせてくれたことに感謝している。

問題は採用条件だった。

◉スチューデント・メイドの採用条件

採用条件を決めたのは、ジェイドの面接の2、3年前だった。

当時まだ学生だった私は、マーケティングの授業で「競争優位性」について学んだ。私たちと地元の清掃会社の違いを強調すれば、クライアントがもっと増えるはずだ。そこで、**基本的な採用条件を決めた。まず、学生であることと、GPAが3・5以上であることだ。**

クライアントにとっては、意欲的で勤勉な学生を支援するためにお金を払うという発想が、ほかの清掃会社ではなく私たちを選びたいという理由になる。リビングに掃除機をかけているジョー・スミスではなく、機械工学を専攻していて、掃除機をかけていないときは熱力学の試験勉強をしているジョー・スミスにお金を払うのだ。

三つ目の採用条件は、稼働率とスケジュールに関するものだ。採用を決めてから、「働けるのは月曜、水曜、金曜の授業がない時間、午前9時から9時半までです」と言い出す学生も少なくない。30分あれば台所の床はきれいにできるだろう。もちろん学業が最優先だ。すべてのスタッフの時間割を考慮してシフトを組みたい。しかし、1回のシフトで、少なくとも家全体を掃除するだけの時間は必要だ。

四つ目の採用条件は、ジェイドが引っかかったこと、つまり車を持っていることだ。学生は自分で現場に行かなければならず、清掃用具も運ばなければならないが、契約先は市内のあちらこちらにあった。すべてのクライアントがバス停の近くに住んでいるはずもなく、配車アプリのウーバーがなかった時代だ。遅刻は困るから、信頼できる交通手段を自分で用意することを採用条件に加えた。

奇妙な質問と回答

ただし、これら四つの条件をすべて満たすだけでは、採用されない。当時の私は人事の素人だったが、応募者がスチューデント・メイドの名前を語るのにふさわしいかどうかを確かめるためには、もう少し質問が必要だということはわかっていた。

では、**採用面接で何を聞けばいいのか。私には見当もつかなかったが、そんなときのためにグーグルがある。**さっそくインターネットを検索して質問の候補リストを作り、10件くらいにまで絞り込んだ。

その大半は、「私たちがあなたを採用するべき理由は?」「これまでにあなたが成し遂げた最大の成果は? どうしてそれを選んだのか?」など、ごく標準的な(そして退屈な)質問だった。

さらに、面接の空気をがらりと変えて応募者を警戒させるような質問も加えた。スピリット・アニマルはその一つだ。「自分をアイスクリームにたとえると、どんな味?」と聞くときもあった。「あなたの最大の弱点は?」という質問になかなか答えなかった男子学生のことは、生涯忘れないだろう。

沈黙は熟考している証拠だと思い、邪魔をするつもりはなかったが、数分間の静寂の後、私はついに質問を繰り返した。

「あなたの最大の弱点は何ですか?」

これだけ時間をかけたのだから、洞察にあふれた答えが返ってくるだろう。詩的な言葉が飛び出すかもしれない——。しかし、彼は私を上から下までなめるように見つめ、ゆっくりと、不気味な声で言った。

「あなたです」

5秒以内に出て行かなければ警察を呼ぶと告げて、面接は終わった。

質問する必要さえない人もいた。振る舞いは雄弁なのだ。

ある女子学生は、面接が始まって三つほど質問したあたりで、足下に置いた大きなバッグの中を探り始めた。履歴書のコピーを探しているのだろうと思っていたら、どこかで嗅いだにおいが部屋に充満した。気がつくと、彼女はチキンナゲットの箱を抱えていた。一瞬、私への贈り物かと思った。

目の前でチキンナゲットを食べる――むさぼり食う――彼女を見ながら、私は面接に集中しようとした。彼女は指を1本ずつなめ、シミひとつなかったオフィスの床に衣のカスをまき散らした。これ以上、奇妙な光景はないだろうと思ったそのとき、彼女がドレッシングはあるかと質問した。私はオフィスの冷蔵庫からドレッシングを出して渡した（こんなときにどうすればいいか、グーグルには書いてなかった）。

チキンナゲット・ガールが手に入れたのは、仕事ではなくドレッシングだった。

◉ルールを曲げてもかまわないと思える素晴らしい人が来たら

面接を重ねるたびに、自分がどのような人を求めているのか、より理解できるようになった。初めて会った瞬間に、スチューデント・メイドを象徴する存在になってほしい人かどうかを、本能的に感じ取るようになった。そして面接を進めるうちに、ほぼすべての場合、直感は正しかったことが証明された。「それ《イット》」を持っていない応募者は採用しなかった。持っている人なら、採用の4条件さえ満たしていれば合格にした。

そんなときジェイドが現れた。

彼女をチームに迎えることができなかったというだけで、採用を台無しにした採用条件を破り捨てたわけではないが、次に似たような状況になったときはルールを曲げてもかまわないと心に決めた。賢明な判断だった。その数カ月後、アンドリューがやって来たのだ。

採用面接の日、雑用を片づけて約束の10分前にオフィスに戻ると、アンドリューはすでに待っていた。やはり時間に正確なことは幸運の前兆なのだ。面接を始めて彼のことを知るほど、私は彼が気に入った。彼は心から私たちのチームに入りたいと思っていた。どんなに汚れた部屋でも平気だ、とも言った。

ただし、大きな問題があった。アンドリューは学生ではなかったのだ。すでに退学していて、学校に戻るつもりもなかった。

採用条件より重要なもの

ジェイドのときと同じように、アンドリューはスチューデント・メイドを体現する人材だと、私の直感が訴えていた。一方で、現役の学生でないことは、車を持っていないことより重大な掟破りに思えた。私たちの会社は「スチューデント」を名乗っている。クライアントは、自宅に入るのは学生だけだと思っている。譲ることのできない、最も重要な条件ではないだろうか。

しかし今回は、自分の直感に従った。採用の第一条件を満たしていないアンドリューを採用したのだ。私は彼に、会社の「社会人学生」になればいいと話し、あらためて日時を連絡するから、契約書を作成しに来てほしいと言った。彼はとてもうれしそうだった。私は自分が正しい選択をしたのだと思った。私も、とてもうれしかったから。

その後はあわただしい日が続き、私はアンドリューのことをすっかり忘れていた。面接から2週間後、信じられないくらい忙しい日に、いつから働けばいいかとアンドリューから連絡が来た。私は自分のミスだと繰り返し謝り、とにかく忙しくて混乱していると釈明した。その日のうちにアパートメントを数十室、清掃しなければならず、予定はかなり遅れていた。私の心の悲鳴が聞こえたのだろう。彼は「僕にお手伝いできることはありますか？」と言った。

今日から働いてくれるとありがたいと、私は冗談を言った。まさか、その1時間後に彼がすべての予定をキャンセルしてオフィスに現れ、契約書を作成し、そのまま汚れたアパートメントに向かうなんて、誰が想像しただろうか。

この日、私は確信した。直感は採用条件より重要だ。

◉直感に基づく採用の効果

ジェイドは、ルールを破ってもかまわないのだと教えてくれた。そしてアンドリューは、ルールを破るべきときがあることを証明した。

彼はまさに理想の従業員だった。時間より早く出勤して、業務を改善するアイデアを頻繁に出し、急なシフトを引き受けて、体調を崩したチームメイトの穴を埋め、率先して行動した。ゴミ袋や台所用洗剤がなくなりかけていれば、クライアントにメモを残した。

その後は、採用条件が採用を台無しにすることはなくなった。車を持っているかどうかや、大学に籍があるかどうかより、本人の労働倫理と性格のほうが、私にとって――クライアントにとっても――重要なのだと気がついた。あまりシフトに入れなくても、スチューデント・メイドにふさわしい人材だと確信したら、彼らを受け入れる方法を考えた。面接でアンドリューのときと同じ直感が走ったら、私は迷わず採用を決めた（最低限の身元確認は行った）。

このアプローチは実に効果的だった。私の直感に基づく採用を始めてから、スチューデント・メイドは一つ上の段階に成長した。新しいクライアントが私たちを選ぶ理由は、五つ星レベルのモップがけや、清掃用具の品質ではなかった。すでに契約しているクライアントが、私たちの勤勉ぶりや信頼できる学生（と社会人学生）を絶賛するからだ。

私たちのメンバーを信用したクライアントは、清掃以外のことも頼むようになった。犬の散歩に子供の家庭教師、旅行中の留守番、休暇前の模様替え。結婚式の受付を頼まれたこともある。スチューデント・メイドで働き始めてまもない2人のスタッフに、別荘に同行して子守りをしてほしいと頼んだクライアントもいた。私たちはコンシェルジュ・サービスへと進化して、オフィスの電話は鳴りやまなくなり、回線を新しくしなければならなかった。

新しいサービスが増えることは大歓迎だったが、私は忙し過ぎて、すべてに目が届かなくなった。クライアントが増えれば、依頼に応えるために学生を増やさなければならない。学生が増えれば、採用面接も増える。当時、面接はすべて私が行っていた。

私の代わりに採用できる人なんているわけがない

私のような採用方法を、他人に教えることはできそうにないと思っていた。応募者がドアを開けて部屋に入ってきたときに走るあの感覚は、言葉では説明できなかった。自分でもよくわからないけれど、ただ感じるのだ。

すべての面接をする時間がなさそうなときでも、私はどうにか時間をひねり出した。オフィスの建物の玄関が開く前に、鍵が閉まってから夜遅くに、ミーティングやイベントの間に、スケジュールが30分ほど空けば、時刻を問わず面接の約束を入れた。

私は会社で問題解決のアプローチを教え、チアリーディングの精神やフィードバックの受け止め方を教えているのだから、面接のやり方も教えられるはずだと思うかもしれない。しかし、それは別の話だ。

私抜きで採用面接をするなんて、私の目の黒いうちは許さないと思っていた。スチューデント・メイドの評判にとってこれほど重要なことを、誰かに任せるリスクはあまりに大きかった。新しいクライアントから自宅の鍵を預かるたびに、私は気を引き締めた。これは彼らのすべてを開ける鍵だ。自分たちが日々生活して、子供を育て、ペットの世話をしている場所に、彼らは私たちの学生を入らせる。高価な品も置いてある。弁償のしようがない、かけがえのないものも少なくない。

鍵を預けることとは、彼らが私たちを信頼している証であり、私は大きな責任を引き受けるという意味だ。クライアントに対し、彼らの家に足を踏み入れる学生の全員について、私が個人的に保証しているつもりだった。スチューデント・メイドを名乗る人間はすべて、私の代理人だ。誰が私の代理人になるかを決めることができるのは、私しかいない。

あの運命の夜、書店でトニー・シェイの存在を知るまで、私はそう信じていた。

◉『ザッポス伝説』との運命の出会い

読書は、より良いリーダーとして成長し、より良い会社を築くために不可欠だと教えてくれたのはリッチだ。

パトリック・レンシオーニの『なぜCEOの転職先が小さなレストランだったのか』を読んで、1冊の本がスチューデント・メイドと自分のリーダーシップに大きな影響を与えることを実感した私は、読書が習慣になった。

ソファで丸まり、温かいチャイをすすりながら、成功したCEOが書いたペーパーバックを読む。それが理想的な金曜日の夜の過ごし方だった。一晩で数冊読破しようと、速読の講習も受けた（若い起業家の週末は、たいていこんな感じだ）。

自分なりのルーティンも決めた。地元の書店に行ってビジネス書のコーナーを回り、表紙が気になった本を手に取ると、隣のカフェでページをめくりながら、スチューデント・メイドで実践できそうなアイデアを探した。デール・カーネギーの『人を動かす』（創元社刊）やジム・コリンズの『ビジョナリー・カンパニー』（日経BP社刊）など、定番の本はすべて読んだ。

ビジネス書だけでなく、心理学者や政治家、バスケットボールのコーチの本も読んだ。人と働いた経験のある人が書いた本なら、何か学ぶことがあるはずだと思った。

ある週末の夜、いつものように書店をぶらぶらしていたとき、『ザッポス伝説』（〔原題は『Delivering Happiness: A Path to Profits, Passion, and Purpose（幸せを届ける：利益と情熱と目的を共にかなえる）』ダイヤモンド社刊）の表紙が目に飛び込んできた。

利益、情熱、目的。どれも私が手に入れたいものだ（そう思わない人がいるだろうか）。さっそく読み始めると、5分と経たないうちに、私が求めていた本だとわかった。

著者の**トニー・シェイは、まるで私の双子だった。幼いころから起業家精神にあふれ、20代前半で初めて「本物の」会社を立ち上げた**（残念ながら、双子と言えるのはここまでだ）。

2年半後の1999年に、その会社を2億6500万ドルでマイクロソフトに売却。巨額の金を元手にベンチャー投資ファンドを設立し、オンラインで靴を販売する「シューサイト・ドットコム」に出資した。シューサイトの創業者は業界最大のオンライン靴店を目指していた。

シェイは投資家として経営に深く携わるようになった。スペイン語で「靴」を意味する「サパトス（zapatos）」にちなんで「ザッポス」という洗練された社名に変えて、数年後にはCEOに就任し、会社を完全に生まれ変わらせた。10年足らずで従業員は数人から1000人以上に増え、総売上高は10億ドルを超えた。フォーチュン誌の「最も働きたい会社100」にも7年連続で選ばれた。

企業文化って何？

駆け出しの起業家にとって、目のくらむようなサクセスストーリーだった。

私はレジに直行して精算を済ませ、カフェのお気に入りの席に座り、速読術のギアをトップに入れた。読み終えるころにはマーカーのインクが切れていた。シェイの物語のすべてに鼓舞され、彼の会社に関するすべてのことに感激した。

『ザッポス伝説』は私の転機になった。企業文化（カルチャー）についてはたくさんの人から話を聞いていたが、そもそも企業文化とはどういうものなのか、誰も説明してくれなかった。

X社は「優れた企業文化で知られ、従業員は喜んで働いている」とか、Y社は「カルチャーが劣化して従業員が次々に辞めている」と聞いて、組織の文化が優れているほど働く人は幸せなのだろうということは、私も想像がついた。しかし、何が優れた企業文化をつくるのだろうか。

まず思いついたのは、従業員への特典だ。私が本で読んだ憧れのオフィスは、ロビーに卓球台があり、ビールサーバーや仮眠室があった。スチューデント・メイドの学生に幸せだと思ってもらうためには、その類のものが必要だろう。そこで毎月、予算が余ると（あまり多くはなかった）手頃なものをそろえていった。

新しいオフィスに引っ越したときは「スムージー・バー」を作った（キッチンカウンターにミ

キサーを2台置き、果物はセルフサービス、つまり自腹で持ち込みとした）。金曜日はオフィスにＤＪを呼んで音楽を流した（楽しかったが、クライアントからの電話や社内の会話が聞きづらかった）。

シェイは、企業文化に関する間違った理解のせいで、貴重な資源を無駄遣いしていた私を救ってくれた。彼の本を読んで、チームを幸せにするために必要なものを、私はすでに持っていることに気がついたのだ。スムージー・バーもＤＪもいらなかった。あのまま勘違いしていたら、私はさらにおかしなアイデアを思いついていただろう。企業文化は、従業員への特典で決まるのではない。

企業文化はそこで働く人がつくる

企業文化を決めるのは、そこで働く人々だ。企業文化は目に見えるものでも、ＤＪブースから聞こえてくるものでも、ミキサーで混ぜるものでもない。感じるものだ。

ザッポスの本社の中を歩きながら、1日8時間働きながら、人々はザッポスの企業文化を「感じる」。顧客はザッポスの従業員と電話で話をしながら「感じる」。個人の考え方や性格、振る舞い、従業員が会社に持ち込む考え方を通じて、ザッポスの企業文化が集団的につくり上げられる。

例えば、会社に高潔さをもたらしたいなら、道徳心の強い人を雇う。楽しい職場にしたいなら、ユーモアのセンスがあって、良質な笑いを知っている人を雇う。ザッポスの企業文化に「フィットする」人を雇えば、彼らを通じて感じる企業文化は揺るがない。

ただし、「フィットしない」人を雇うと反対の結果になる。そのことをシェイは身をもって学んでいた。マイクロソフトに売却した最初の会社で、急成長を遂げている最中にチームに加わった数個の悪いリンゴが、リンゴ畑全体を枯らしたのだ。シェイは会社に行くことさえ嫌になった。

一部の従業員は社内で対抗意識を燃やし、自分のキャリアアップのために周囲を蹴落とすようになった。会社は目まぐるしい勢いで成長を続けており、大きな可能性が待ち受けていたが、シェイも、彼が信頼する優秀な仲間も、変わってしまった会社に関心はなかった。シェイが会社の売却を決めたのは、自分が愛した会社ではなくなったからだ。多くの仲間が同じ理由で、彼と共に会社を去った。

シェイの本を読みながら、私は腑に落ちた。私たちのチームに加わってほしい人に会ったときに、私の本能が感じた「特別な何か」は、偶然でも、ランチに食べたタコスのせいでもなかった。

スチューデント・メイドを通じてどのような企業文化を感じてほしいのかを、私は本能的に理解していて、その感覚を共有できる人を探していたのだ。「この人だ！」「この人を採用したい！」という心の声は、スチューデント・メイドの企業文化にフィットする人だという、私の本能の声だったのだ。

そして、チームに迎え入れる人を厳しく選別する理由は――採用面接のバトンを他人に渡すことをためらい続けた理由は――クライアントとの信頼関係だけではなかった。スチューデント・メイドの企業文化を守るためだったのだ。**スタッフ全員が顔見知りという規模はすでに超えていたが、みんなで一緒に楽しみ、一緒に悲しむ会社だという感覚を、チームに迎え入れた一人ひとりに持ち続けてほしかった。**

自分で採用できる規模ではなくなったとき、トニー・シェイはどうしたか?

ザッポスで原点に戻ってやり直すチャンスを得たシェイは、企業文化を守るためにあらゆる努力を惜しむまいと決意した。彼は、自分が採用した人々がザッポスの企業文化を育てることもできるが、壊すこともできることを学んだ。

しかし、ザッポスはあまりに大きくなったため、シェイだけが採用を担当することは不可能になった。私にもよくわかる。では、彼はどのようにして企業文化の入口を守ったのだろうか。

答えは「規律」だ。

言葉の強力な響きのとおり、規律は大きな効果を上げている。

ザッポスの規律は、企業文化を明文化したものだ。会社で働くすべての人の基本的な価値観と

特徴を、シェイは10項目の「コア・バリュー」にまとめた。ザッポスをザッポスたらしめる要素を定義したものだ。

コア・バリューを決めるにあたって、すべての従業員に、自分にとってザッポスはどんな会社かという意見を募った。一緒に働く仲間のどんなところを最も尊敬しているか。ザッポスで働くことを誇りに思う理由は何か。出社するときにどんなふうに感じるか——。

シェイはすべての回答に目を通して共通するテーマを絞り込み、10項目のコア・バリューを決めた。従業員が、ザッポスという会社を最も的確に表していると考える10項目だ。例えば「成長と学びを追求する」「楽しさとちょっと変なものを創造する」「ポジティブなチームとファミリー精神を築く」といった項目は、ザッポスで働くことがどのような経験なのか、私たちにもイメージしやすい。

コア・バリューが決まると、採用のプロセスをほかの人に任せられるようになり、シェイは年商12億ドルを達成することに集中できた。採用部門のメンバーは誰でも、コア・バリューをもとに、応募者がザッポスにふさわしいかどうかを評価しやすくなった。

自分たちと同じ信念を共有していて、コア・バリューに忠実に働くことができそうな人は採用された。しかし、ほんの少しでも疑問を抱かせる応募者は、ザッポスのサイトで靴を買うことはできるが、採用通知を受け取ることはできなかった。

ただし、採用はコア・バリューの表側にすぎない。会社を辞めさせる基準もまた、コア・バリューになるはずだ。採用条件を決めるときとは反対に、コア・バリューに反する振る舞いをした人は、どんなに長く勤めていても、会社を去ってもらうことになる。厳しすぎると思うかもしれないが、それが企業文化を守る唯一の方法だと、シェイは考えた。

その夜、書店のカフェを出るとき、私は二つの決意を抱いていた。トニー・シェイとザッポスをこれからもずっと追いかけることと、スチューデント・メイドも「規律」を決めることだ。

◉スチューデント・メイドのコア・バリューを作ろう

さっそくシェイを見習って、学生の力を借りながら、私たちの企業文化を言葉で定義することにした。私宛てにメールで意見を募集すると、ほんの数日で、スチューデント・メイドの価値観について予想以上の提案が集まった（アンドリューからいち早くメールが来たことには、もう驚かなかった）。

エリンとアビーと私は、全員の回答をもとに10項目まで絞り込んだ。超クールな私たちにふさわしい、超クールな10個のキャッチフレーズが固まるまでには、かなり時間がかかった。そして、お披露目の日が来た。

私は壊れかけたスピーカーを2台パソコンにつなぎ、大音量で「アイ・オブ・ザ・タイガー」（映画『ロッキー3』の主題曲）を流しながら、私たちの企業文化の門番となる10個のコア・バリューを発表した。

スチューデント・メイドで働く私たちは、これらの価値観をもとに雇用され、解雇される。これらの価値観に従って働き、いつの日か体にタトゥーとして刻み込むだろう。

1　**道徳心を忘れない**

有言実行、常に真実を語ること。

2　**パンチをかわす**

計画どおりにいかないときは、柔軟に対応する。

3　**火の輪をくぐる**

決められたことをやるだけでなく、それ以上の行動を起こす。クライアントのためだけでなく、常にチームメイトのために。

4　**責任を全うする**

自分の行動が周囲に与える影響を理解する。個人の欲求よりチームの利益を優先させる。

5 **礼を重んじる**

相手に敬意を払い、分別を持って言葉を選び、元気のあるポジティブな意識を持ち続ける。

6 **当事者になる**

自分の仕事と判断に責任を持つ。スチューデント・メイドを自分が経営しているつもりで考える。

7 **創造性のドラゴンを解き放つ**

既存の考え方にとらわれずに問題解決に取り組み、新しいアイデアを育てる。

8 **ペイ・イット・フォワード**

情けは人のためならず。コミュニティに恩返しをするのは、義務ではなく、コミュニティのことを心から大切に思うからだ。世界をより良くしよう。

9 **今声を上げるか、一生黙っているか**

チーム内で常にオープンなコミュニケーションを取る。あらゆる不安や疑問、意見、批判、称賛を、常に言葉で伝える。

10 **志を高く**

スチューデント・メイドで働くのは、スチューデント・メイドを愛し、信じているからだ。会社の成長と繁栄のために、最善の努力を尽くそう。

コア・バリューに沿った面接は難しかった

コア・バリューが決まると、採用面接ではグーグルで拾った質問ではなく、応募者が私たちの企業文化にフィットするかどうかを見極めるために考え抜いた質問をするようになった――。と言いたいところだが、実際はそうもいかなかった。

コア・バリューに基づいた採用プロセスを構築することは、事実上、不可能だった。**コア・バリューを採用の「最低条件」にすることには、エリンもアビーも私も異論はなかった。掃除機の達人でも、10項目を体現していると思えなければ採用しない。この点はわかりやすかった。**

さらに、エリンとアビーが私と同じように採用の決断を下せると私が確信できるまでは、彼女たちの面接を私がフォローすることにした。これも異論はなかった。

ただし、**応募者の道徳心や創造性、火の輪くぐりも厭わない心構えを確認するような質問を考えることは、簡単にはいかなかった。**

私たちはあらゆる方法を試みた。高価そうに見えるアクセサリーをオフィスの床にわざと落とし、応募者が私たちに返すかどうか、誠実さを試したこともある。鉛筆を1本渡して、2分以内にできるだけ多く使い方を考える、という質問は創造性のテストだ。

単刀直入に、「あなたは礼を重んじますか?」「柔軟性がありますか?」と質問したこともある

（驚いたことに、誰もが口をそろえて「もちろんです」と答えた）。「チームワークをどのように定義しますか」など、自由に答える質問もあった。本物の焚き火の上にぶらさげたフラフープをくぐらせること以外は、あらゆるアプローチを試した。

完璧な質問を模索して

この人は本当に私たちの企業文化にフィットするだろうか。その疑問を払拭するような質問を思いつくまでは、誰かに採用を完全に任せることはできない気がした。面接の質問にまずまずの答えをしても、この人は私たちの文化にフィットしないだろうと、本能の声が聞こえるときもあった。しかし素晴らしいことに、エリンとアビーに意見を求めると、彼女たちの本能も同じことを訴えていた。

つまり、スチューデント・メイドのコア・バリューを決める過程で、私はシェイと同じことをしていた。企業文化を言葉にすることによって、エリンとアビーに、私と同じように採用をするための指針を伝えていたのだ。

2人はスチューデント・メイドの価値観を理解して、体現していた。当然だろう。彼女たちと一緒にコア・バリューを考えたのだから。それならエリンとアビーも自分の本能を信じれば、私

が面接をした場合と同じ判断を下せるのではないか。

そして、私の予想はほぼ正しかった。彼女たちを採用の責任者にして以来、10人中9人の確率で、スチューデント・メイドの代表として私が誇りに思うメンバーを迎えることになった。

その後も完璧な質問を模索し続けたが、ついに見つけることはできなかった。数年間、ありとあらゆることを試したが（おそらく1000種類以上はあっただろう）、私たちの企業文化にフィットするかどうかを100％の確率で予測できる方法は、いまだに見出せずにいる。

採用面接では、応募者は基本的に最善の振る舞いを見せる。彼らがどのような人間であるかを明らかにするような答えではなく、私たちが聞きたいであろう答えを選ぶ。誰だって、何とかして合格したいのだ。

この人に自宅の鍵を預けられるか

現在も定型の質問は決めていない。自然な会話のように面接を進めようとしているが、応募者が緊張しているときや、できるだけ好印象を与えようとするときは特に難しい。面接ではまず、「あなたの話を聞かせてください」「これまでの人生について教えてください」と話しかけて、会話の流れは相手に委ねる。

沈黙を埋めようと必死に話しているうちに、前の上司は嫌なヤツだったと言い出したり、自分は短気だと認める人もいる。応募者が自ら手の内を明かし、自分で自分を不合格にするのだから、私たちにとっては運のいい展開だ。ボロを出さない慎重な人もいるが、応募者が自ら話をするほうが、私たちの質問に答えるより、その人について多くを知ることができる。

私たちは面接で、応募者ではなく自分に問いかけている。この人に安心して自宅の鍵を預けられるだろうか。この人と楽しく働けるだろうか。アンドリューのような最高のメンバーに似ているだろうか。それともコートニーのような最悪のメンバーと重なるところがあるだろうか。

現在の採用チームはエリンやアビーと同じように、そして彼女たちの前に私がやっていたように、自分の本能と、企業文化に対する自分の直感的な理解を信じて、正しい方向を目指している。ただし、強調しておきたいことがある。**この方法がうまくいくのは、面接をする担当者自身がスチューーデント・メイドのチームを象徴する存在であり、10項目のコア・バリューのすべてを体現している場合だけだ。**

そんな彼らでも、採用の判断を間違えるときはある。私にもあった。誰がやっても同じだろう。1回の面接だけで、企業文化に完璧にフィットする人かどうか、確かめることはできない。面接は採用プロセスにおけるいくつかのチェックポイントのうち、最初の入り口にすぎない。

二つ目のチェックポイントが何かを理解したのは、エリンが辞めたときだ。

◉スチューデント・メイドの支店を作ろう

私たちの企業文化にフィットする人が増えると、スチューデント・メイドはますます発展した。ある日、エリンとアビーと私は、会社の将来について話していた。**私の夢は、彼女たちの前でも公言していたように、全米の大学の地元でビジネスをすることだった。**そして、私たちはこのとき初めて、実際に支店を開く可能性を話し合った。3人とも時機は熟したと考えていた。問題は、どこにするかだった。

何かあれば私たちが駆け付けられるように、ゲインズビルから車で行ける範囲を考えていた。大きな大学があって、仕事を探している学生がたくさんいる街がいい。さらに、現地の責任者が必要になる。私がゲインズビルを離れることは現実的ではなく、アビーも地元を離れたくなかった。そうなるとエリンしかいなかった。

ちょうど、エリンは引っ越したいと思っていた。長い付き合いの恋人が、ゲインズビルから2時間ほどかかるタンパに住んでいたのだ。タンパに支店を開けば、エリンは彼のそばにいながら、スチューデント・メイドの仕事も続けられるではないか。

意見が一致したところで、さっそくタンパに向かい、さまざまなアパートメントを訪ねて市場の感触を探った。ゲインズビルでは学生用アパートメントの清掃で知名度を上げたから、新しい土地でも同じ戦略で事業を軌道に乗せようと考えた。

タンパの視察は期待していた以上だった。ある管理会社は、その場で契約を結んでくれそうな勢いだった。ゲインズビルに戻ってからも、複数の訪問先から、強い関心を示す問い合わせがあった。決定だ。フロリダ州タンパをスチューデント・メイドの第二の拠点にして、エリンが率いるのだ。

興奮を抑えきれないまま、私たちは計画を実現するためにやるべきことを整理した。アビーは現地の賃貸オフィスの広告を調べ、私は周辺の大学の関係者と連絡を取り、学生を雇いたいと話した。もう少し資金を貯めてから支店を開きたかったので、クライアントとの契約はまだ結んでいなかったが、その日が近づいていることを毎日実感していた。

◉エリンの退職が教えてくれたこと

ある夜、アビーから電話がかかってきた。ひどく取り乱していた。

ようやく落ち着くと、彼女が言った。「エリンからのメールを見た？」

私はパソコンに飛びついた。胃がキリキリした。エリンからのメールの「通知」という件名が、正面から私を見据えていた。メールには次のように書かれていた――**スチューデント・メイドは間違いなく、自分に素晴らしい機会を与えた。でも、クリステンと同じ情熱と興奮を、自分も持っていたとは言えない。自分は次に進むべきだと決めた。これは退職2週間前の通知で、すでにタンパで仕事を見つけている。**

アビーはショックを受けていた。私もショックを受けた。エリンがこんなふうに考えていて、こんなふうに去っていくなんて。私はアビーをなだめ、大丈夫だと言った。今は大丈夫だと思えなくても、きちんとした理由があるのだろう。私たちにとっても、エリンにとっても、納得できる理由があるのだろう。

正直なところ、私はエリンが辞めようとしていることに気がついていたはずだ。新しい街に進出する準備を進めている間ずっと、彼女はどこか乗り気ではなかった。

アビーと私は、空いている時間を見つけて新しい契約先を開拓した。アビーと私は、ランチを食べながらマーケティングの相談をした。アビーと私は、暇さえあれば現地の大学と連携する方法を考えた。アビーと私は、タンパに支店を開こうと決めた。でも、エリンは違った。タンパに支店を開くことは、エリンの夢ではなく、アビーと私の夢だった。

兆候はあったのに

振り返ってみれば、タンパの支店に無関心だったことのほかにも、兆候はあった。スチューデント・メイドとの関係そのものも、エリンとアビーは正反対だった。

エリンは毎日午後5時1分に退社するが、アビーは私より遅くまで働くときもあった。エリンから週末に連絡が来たことは一度もないが、アビーは土曜日でも、会社を大きくするためのアイデアを私にメールで知らせてきた。

10年後の話をしていても、エリンは顔色ひとつ変えなかったが、アビーはいつも目をキラキラと輝かせていた。私が何か手伝ってほしいときは、アビーが先に手を挙げた。エリンにとってスチューデント・メイドは仕事だったが、アビーにとっては仕事よりはるかに大きな存在だった。

もちろん、エリンはとても素晴らしい人で、仕事はとびきり優秀だった。約束は必ず守る。病気で休んだこともない。彼女はまさに私たちのコア・バリューを体現していた。学生と顧客のことをいつも気にかけていた。理論上は完璧だが、しかし、何かが足りなかった。スチューデント・メイドが彼女を必要としているほどには、彼女はスチューデント・メイドを必要としていなかったのだ。

エリンを失うことは、つらい現実だった。批判も顔と顔を合わせて伝えられるようなコミュニケーションを育てようと努力してきたのに、退職をメールで告げられたことは、なおさらつらかった。

タンパの計画は保留にせざるを得ず、失った時間とエネルギーと資源は取り戻せなかった。しかし、私にはエリンを責める気持ちはまったくないし、恨んでもいない。それどころか、タンパの件が後戻りできなくなる前に知らせてくれたことに敬意を表している。エリンの決断は、彼女にとって間違いなく最善の選択だった。

ただ、私が会社にとって必要なことばかり考えるのではなく、彼女が本当に望んでいることをもっと早くに確認していたら、彼女はスチューデント・メイドを辞めただろうかと、今も思わずにいられない。

エリンの退職は、「企業文化にフィットする」という定義を考え直すきっかけになった。**ある人が私たちの企業文化にフィットするからと言って、スチューデント・メイドがその人にとって、最もフィットする選択であるとは限らないのだ。**私たちがチームに迎え入れたいと思う人が、私たちと同じくらい喜んで加わりたいと思っているのかどうか、その人が入社を決断する前に見極める方法が必要だった。

◉ミスマッチが起こる前に

アビーや私と同じくらいスチューデント・メイドに夢中ではなく、私たちと同じくらい自分の資源を投入したいと思っていないメンバーは、エリンだけではなかった。

ルールどおり2週間前に退職を申し出る人の中には、働き始めて2、3カ月という人もいた。ここまで肉体的にきつい仕事だと思っていなかった、もっと自分が向上できる機会を与えてくれる会社を見つけたいなど、さまざまな理由があった。

退職の申し出を受けるたびに、どこで間違えたのだろうかと考えた。きつい肉体労働だと、本当に知らなかったのか。ルンバを使うとでも思っていたのだろうか。向上できる機会とは？　2週間しか働いていないのに？

多大な時間とエネルギーを投資してチームに迎え入れた人をすぐに失うことは、腹立たしかったし、高い代償を払わされた。しかしエリンが教えてくれたように、スチューデント・メイドをすべてに優先させろと求めるのは、こちらの身勝手だ。

辞めていく本人にとっても、ある程度の時間を投じた後で、自分が働きたい場所ではなかったと気がつくことは腹立たしいだろう。互いに不必要な苦悩は味わいたくない。そもそもミスマッチが起きる前に防ぐには、どうすればいいのだろうか。

そんなとき、**私はシェイの『ザッポス伝説』で読んだエピソードを思い出した。ザッポスでは、仕事に全力で取り組む意志がなさそうな人を少しでも減らすために、採用直後の4週間の研修中に辞める人には2000ドルを支払う。**

2000ドルを受け取って辞める人は、ザッポスの一員になりたいからではなく、給料をもらうためだけに来たのだろうと、シェイは考えている。もっと給料が高い仕事が見つかった瞬間に辞めるであろう人に時間と資源を費やすより、2000ドルを払ってでも早く辞めてもらうほうが、結局は安く済むというわけだ。

シェイの本でこのアイデアを知ったときは、スチューデント・メイドには必要ないと思った。しかし、エリンの一件の後は、実に賢いアプローチだと気がついた。

とはいえ、どんな理由であれ2000ドルを余計に払う余裕は、私たちにはなかった。仮に20ドルを払うことにしても、反発は起きるだろう。本当はスチューデント・メイドで働き続けたい学生が、20ドルのために辞めるかもしれない。治験のアルバイトで血液を売って、教科書を買う学生もいるのだ。

金欠の学生が相手でなければ、シェイの方法はそれなりにうまくいくだろう。しかし、彼らが私たちのチームに加わることを本当に望んでいるかどうかを、お金を払わずに見極める方法が必要だった。スチューデント・メイドでどんな経験をするのかを正しく理解したうえで、それでも働きたいかどうか、確認しなければならなかった。

スクープ・メールで会社の真実を伝える

そこで始めたのが「スクープ・メール」だ。面接を終えて採用したいと思った候補者にメールを送り、スチューデント・メイドで働くとはどのようなことか、私たちの企業文化の一員になるとはどのようなことか、内部情報を提供するメールだ。

スクープ・メールは2部構成になっていた。前半は、実際に働いている学生のコメントから、スチューデント・メイドの仕事を好きだ、あるいは嫌いだと思う点を編集なしで掲載した。「ゲインズビルの地理に詳しくなって」「給料をもらいながら生涯の友人を見つけられる」仕事が素晴らしいと思う人は、メールを読んでますます私たちのチームに加わりたいと思うだろう。

一方で、「掃除機から毛玉を取り除くのが面倒！」「冷凍庫にハムスターの死体が入っていた」と聞いて尻込みする人は、正式に採用される前にもう一度、考えたくなるかもしれない。

メールの後半は、会社の運営チームからの情報だ。学生が私たちにどんなことを期待できるかについて、私たちが彼らにスチューデント・メイドのメンバーとしてどんなことを期待するかについて、より具体的に伝える機会でもあった。

私たちはこのメールで、学習と成長に力を入れていることを説明した。自分で考え、自分で問題を解決し、失敗から学び、さらには自己管理を身につけることを、どのように後押ししているかを強調した。何か問題が起きたら同僚や運営チームのリーダーと直接向き合わなければならないことや、コミュニケーションの研修で「ＦＢＩ」などのアプローチを学ぶことも紹介した。

私たちの目標は、彼らがスチューデント・メイドに加わったときより優れたリーダーになって、巣立っていくことだ。そのためには、私たちが彼らの成長に投資するのと同じくらい、彼らも自分の個人的な成長に資源を投資しなければならない。

決して高くない給料についても、率直に説明した。会社の利益率が低く、コミュニケーションの研修などに資源を投じているからで、同じ理由から、昇給や一般的な昇進も提供できない。夏の繁忙期に現場の管理を学生に任せたり、休日の社内パーティーの企画を任せたりするときもあるが、すべての学生が1日に1回は実際に手を動かして清掃することも、あらためて伝えた。

そして最後に、私たちのビジネスの性質上、決まった仕事量は保証できないことを確認した。要望があれば最大限の配慮はするが、1週間に決まった額の給料を確実に受け取りたいなら、スチューデント・メイドは最適の職場とは言えないだろう。

スクープ・メールで、私たちはすべての事実を明らかにした。学生は自分にふさわしくない仕事に飛び込む前に考え直すことができ、誰の時間も無駄にしなくて済んだ。働き始めて数カ月で辞める学生も減った。完璧ではなかったが、確実に変化が起きた。そして、採用を受けた人も断った人も、私たちの透明性を評価した。

ザ・45で失った信頼を取り戻してから、さまざまなことが変わった。

私は二度と誰にも会社を辞めさせたくないと思っていたが、本人が自分にふさわしい場所ではないと思うなら、むしろ辞める背中を押そうと考えるようになった。私たちの本当の姿を見せることも、恐れなくなった。冷凍されたハムスターの死体でも何でも、見せてしまえばいい。それを見て二の足を踏む人なら、失ってもかまわない。私たちが守ってきた文化を、トニー・シェイもきっと誇りに思うだろう。

たった一度だけ、私がしでかしてしまったことを除いて。

◉会社から盗んでいます

「クリステン？」

パソコンの画面から顔を上げると、学生の中でもとびきり優秀なモーガンが、私のオフィスの入り口に立っていた。「ちょっと話せる?」私はうなずいて彼女を手招きした。「ええと、その……その……ある人が……」。彼女は咳払いをして続けた。「ちょっと……ドアを閉めてもいいですか?」

「もちろん」。私は言った。何があったのだろう。

普段は人一倍、自信にあふれていて物怖じしないモーガンだが、このときは視線が定まらず、書棚や私の後ろの壁へと目が泳ぎ、自分の手元を見つめたりしていた。何かを言いかけては思いとどまり、肩越しに振り向いてドアが閉まっていることを確認した。

そして突然、彼女はまっすぐ私を見つめて言った。「会社から盗んでいる人がいます」

私はあっけに取られた。「盗んでいるって、どういうこと?」

「彼女は働いた時間を多めに申告していて、しかもわざとやっているんです」。モーガンは早口で続けた。「最近、彼女と組んだとき、ときどき5分か10分、時間を水増ししていると言っていました。会社はどうせ気がつかないから、私にも黙っていてくれ、と。でも、私たちのバリューに反しています。だから、だから……」

私は怒りがこみ上げてきた。学生を信頼して、働いた時間は自己申告にしていた。その信頼を裏切る人がいると考えただけで、そのことに動揺しているモーガンを見て、私はバケツを蹴飛ばしたい気分だった。

「モーガン」。私はどうにか冷静を保とうとした。「誰がそんなことをしているのか、よければ教えてほしいの」

彼女は身を乗り出し、小声である名前を告げた。

私は憤慨したが、驚きはしなかった。そのようなことをする人がいるとしたら、その人だろうと思った。

私は勇気を出して報告してくれたことに感謝し、すぐに対処すると約束した。

私はときどき失敗をやらかす。しかし、これは最悪の失敗だった。

彼女が紛れ込んだ理由

話は半年後まで飛ぶ。

長年のクライアントから、料金がいつもより20ドル高いのはなぜかと問い合わせがあった。彼女は署名だけした白紙の小切手を台所のカウンターに置き、清掃を担当した学生が金額を記入していた。クライアントが私たちの学生を信用しているからこそ、よくあるケースだった。

支払い履歴を調べると、問題の小切手の金額欄に「チップ20ドル」と書き加えられていた。しかしクライアントは、チップを認めたことはないと言った。いったい誰がこんなことをしたのか。

もうおわかりだろう。

半年前に、モーガンが私に報告した学生だ。彼女に約束したにもかかわらず、私は放置していたのだ。

この事件には、考えるべき問題点がたくさんある。しかし、明らかな間違いが一つあった。泥棒をするような学生（ここでは仮にジェニファーと呼ぶ）がどうして採用されたのか。「道徳心を忘れない」というコア・バリューに反する人が、すべてのチェックを通過して採用されたのはなぜか。

簡潔に答えると、企業文化の門を開けっ放しにしていたからだ。

ジェニファーを採用した時期は、会社にとって初めて、クライアントの順番待ちが発生していた。優秀なメンバーのおかげで評判が広まり、「火の輪をくぐって」がむしゃらに働かなければならない状況だった。私たちのクライアントは、できるだけ早く清掃に来てほしいと頼めば、すぐに誰かが駆け付けることに慣れていた。

「あと3時間で義理の母が家に来るから、お願い！」と電話がかかってきて、1カ月お待ちくださいと答えるしかないことは心苦しかった。順番待ちリストを一刻も早く解消しなければ、クライアントは別の清掃会社を見つけてしまうかもしれない。

そこで、できるだけ早くスタッフを増やすように、私はアビーにプレッシャーをかけた（エリンが辞めた後、彼女の下で数人の学生が採用を手伝っていた）。順番待ちリストは日に日に長くなり、私は採用チームに、一刻も早くクライアントの家に学生を送り込むためなら、既存の枠組みにとらわれずに何でもするようにと指示した。

標準的な採用プロセスを経ずに、友人の友人も次々に採用した。あくまでも一時的な措置で、順番待ちリストが解消されたら通常の採用プロセスに戻すと、私は自分に言い聞かせた。こうしてジェニファーがスチューデント・メイドの制服を着るようになった。

人事の悪夢

しかし、これだけでは、モーガンの報告があった後もジェニファーが制服を着ることを許されていた理由にはならない。私が「コートニー以前の時代」に逆戻りして、人と向き合うことを災厄のごとく避けていたわけではない。このときの私は、人と向き合うことを決して恐れていなかった。

私が恐れていたのは、ジェニファーだった。

インキュベーター時代に、エバから「人事の悪夢」について警告されたことがある。残念ながらジェニファーは、「人事の悪夢」そのものだった。どうか辞めてほしいと思うのに、決して自分からは辞めない。何でも大げさに話し、真実より他愛のない嘘のほうが多かった。信頼できず、言い訳がましくて、ほかの学生と折り合いが悪かった。

しかし、そうした問題について私が話をしようとするたびに（実際、何回も話をした）、彼女はクビになったら裁判を起こすと周囲にほのめかした。私には裁判になるリスクを冒す余裕はなく、彼女はそのことを知っていた。だから彼女をクビにせず、彼女が私をいいようにあしらうままにさせていた。

モーガンから話を聞いたときも、ジェニファーはとことん追い詰められるまで認めないだろうとわかっていた。しかし、彼女がクライアントをだましていると知った以上、見逃すわけにはいかなかった。小切手のコピーにはジェニファーの手書きの字があり、モーガンの証言と合わせれば、クライアントからもスチューデント・メイドからも「盗み」を働いていた紛れもない証拠になった。

ジェニファーとの対立は、映画の一場面のようだった。応援のために警察を呼んだほどだ（人事の悪夢どころではなかった）。しかし、最悪だったのは、ジェニファーの毒が周りに伝染していたことだ。

支払い履歴を調べると、モーガンの話を聞いてから半年間に、ジェニファーはすべてのタイムシートで毎回30～40分の水増しをしていた。しかも証拠を隠すために、ほかの学生を言いくるめて、自分の数字と合うように彼らにも時間を「延長」させた。数カ月にわたり、数人の学生が何回も、勤務時間を水増ししていたのだ。

それだけでも私はムカムカした。結局、会社は余計な金を払わされ、長年のクライアントの信頼を失った。懸命に働いて築いてきた信頼だった。しかし、私が本当に打ちのめされたのは、ジェニファーが周囲をたきつけてコア・バリューを破らせたことだ。どうして彼らは従ったのだろう。どうして彼らは私に報告しなかったのだろう。

その理由は、考えるまでもなかった。彼らが報告しようと思うはずがない。モーガンが報告しても、私は何もしなかったではないか。

残酷なほど率直な言葉

タイムシート詐欺に関わった全員を（ついにジェニファーも）解雇して、後始末が終わった後、私は講演に招かれてゲインズビルの近郊に出かける機会があり、モーガンを誘った。彼女は以前ほど頻繁に私のオフィスに顔を出さなくなっていたが、すべて片付いたことを知らせたかった。

車を運転しながら、ジェニファーの件を教えてくれたことにあらためて感謝した。そして、彼女と約束したにもかかわらず、すぐに行動を起こさなかったことを謝罪した。モーガンの返事は残酷なほど率直だったが、私に必要な言葉だった。私をリーダーとして尊敬できなくなった――彼女はそう言った。オフィスの壁に掲示されているコア・バリューを全員が守れと言っている私が、バリューに背く人がいると聞かされても、何もしなかったのだ。

そのすぐ後に、モーガンはスチューデント・メイドを辞めた。最後の挨拶は友好的だった。新しい仕事が決まったから辞めると言ったが、本当の理由ではないことはわかっていた。

トニー・シェイは最初に立ち上げた会社で、彼が大切にしていた企業文化を破壊する従業員がどんどん増えて、会社に行くのが嫌でたまらなくなった。モーガンも同じだろう。彼女はジェニファーがスチューデント・メイドのコア・バリューに背いていると知りながら、チームを組むたびに数時間、一緒に掃除をしなければならなかった。

しかも、私がジェニファーを見逃していることを知りながら、会社で私の顔を見なければならなかった。会社が好きだからこそ私に打ち明けたのに、もう自分が大好きだった会社ではなくなったと感じたのだろう。

コア・バリューにフィットする従業員は企業文化の管理人となり、私たちリーダーが悪いリンゴを手に取ったときは警鐘を鳴らして、企業文化が損なわれないように守る手助けをする。ただし、悪いリンゴをどうするかは、リーダーであり企業文化の守衛長である私次第だ。

モーガンから話を聞いたとき、私はすぐにジェニファーを解雇するべきだった。そうすることによって、コア・バリューを体現して企業文化を守るという言葉に偽りがないことを証明できたはずだ。モーガンも、もう少し長くスチューデント・メイドで働いたかもしれない。しかし、私はジェニファーを恐れて、やるべきことをやろうとしなかった。モーガンは私を尊敬できなくなり、私の怠慢はコア・バリューをただの壁の張り紙に変えた。

この厳しい教訓を胸に、私は企業文化の門番という仕事に、あらためて真剣に取り組もうと決めた。その決意は、私たちのビジネスモデルの特徴でありながら、私たちの企業文化を常に脅かしていた要素について、無視するのをやめて向き合うという意味でもあった。その要素とは、学生の転出シーズンだ。

◉ 恐怖の学生転出シーズン

悪いリンゴを会社に引き入れたのは、ジェニファーに私たちのユニフォームを着せることになった「採用フィーバー」のときだけではない。毎年1回、私たちは企業文化の門戸を無造作に開け放っていた。

ザ・45の夏以降、私たちは学生アパートの転出シーズン市場に参戦した。45人を取り戻した後、予定より早く素晴らしい出来栄えで清掃を終えたおかげで、翌年の夏も同じアパートメントと契約を結ぶことができた。そして、私がクレイグズリストで出会った最初のクライアントと同じように、評判は管理人仲間にクチコミで広まった。

私たちはすぐに、転出シーズンの学生アパートメントの清掃サービスとして、最も人気の高い会社になった。大量のスタッフを送り込み、新しい入居者と引っ越しトラック（と口うるさい保護者）が来るまでに清掃を終えることが可能な会社は、地元に数えるほどしかなかった。ほとんど営業をしなくても、毎年のように新しい契約が舞い込んだ。気がつくと、夏休みのたびに数千室の清掃を請け負うようになっていた。

最初は、実に魅力的なビジネスだと思った。わずか3週間ながら、年間を通じて最も効率のいい稼ぎ時だった。私たちは現金がどうしても必要だったわけではなく、夏の稼ぎがなくても会社を維持することはできたが、資金が急増したおかげで成長が加速した。インキュベーターから専有のオフィスに記録的な速さで（正確にはインキュベーターの最短記録で）移り、エリンとアビーをフルタイムで雇うことができた。喜ばない理由があっただろうか。

しかし、実際は喜ぶどころではなかった。

毎年、転出シーズンの数カ月前から、アビーと私は夜明けまで会議室にこもり、延べ数千室を清掃するために必要な人数を計算した。既存のメンバーは個人や法人のクライアントの仕事で手一杯だったから、転出シーズンのためだけに、短期契約で数百人を雇わなければならなかった。
そこから私たちは坂道を転げ落ちていった。

1カ月だけのまったく別の会社

少人数の採用チームが2週間ほどで数百人をかき集めるためには、採用基準を大幅に引き下げざるを得なかった。採用条件のチェックリストは無視した。面接は形だけになり、集団面接や電話面接、さらには「メール面接」まで許可して、最短の期間で最大の人数を確保した。人数をそろえることしか考えていなかった。

「スクープ・メール」も省略した。夏の3週間しか働かないのだから、必要ないだろう。**基本的な身元調査以外の採用条件はただ一つ――生きている人間なら合格だった。**

スチューデント・メイドでさまざまな教訓を学んできた私が、このような状況を「毎年」繰り返したことを、不思議に思う人もいるだろう。私としては、転出シーズンに臨時雇用を行うのはスチューデント・メイドという会社ではなく、1年に1カ月だけ存在する別の会社だという意識だった。

実際、特別な1カ月だった。

毎日、数百人の新人をグループ分けして、十数軒のアパートメントに送り出した。現地では、私たちの最も優秀なメンバーが待っている。彼らは選び抜かれたスーパースターで、転出シーズンのチームリーダーという怪しげな栄誉を授かっていた。最も献身的で、意志が強く、活発で、信頼できるメンバーだった（まさにアンドリューのような人々だ）。

一つの現場に数人のリーダーを配置して、1日に多いときは100人の新人を指揮させた。契約したすべての部屋を期限までに、ちりひとつ残さず磨き上げ、管理人の念入りな検査に合格できるかどうかは、彼らリーダーにかかっていた。

口で言うだけなら簡単だ。

清掃先の状況は、「悪くない」から「逃げ出したいくらいひどい」まで、さまざまだった。ノミ、白カビ、腐った生ゴミであふれたまま放置された巨大なゴミ箱。清掃の期限は厳しく、臨時雇用のチームは休む暇もなかった。

愛するスチューデント・メイドが最悪の場所に

しかし、チームリーダーの最大の課題は、ゴキブリだらけの冷蔵庫でも、厚さ数センチのほこりでもなく、配属された新人を管理することだった。**悪いリンゴが1個か2個、紛れ込んでいる**

という話ではない。リンゴ農園が丸ごと、臨時雇用の新人ばかりだった。

清掃の点検や進捗の確認に出向いたリーダーは、昼寝をしている人にも、メールに夢中な人にも驚かなくなった。けんかをしている人、サボっている人、ポップコーンを作っている人、スマホで映画を見ている人。すでに誰もいないときさえあった（ザ・45のような辞め方をする礼儀すらなかった）。

もちろん、全員がそうだったわけではない。転出シーズンに臨時で雇った学生の中にも、優秀な人はいた。素晴らしく優秀な人もいた。だが、あくまでも例外だった。大半の人は注意しても聞く耳を持たず、無遠慮で、「礼を重んじる」には程遠かった。私たちのコア・バリューのすべてと正反対だったのだ。

しかし、選り好みをする余裕はなかった。どんなにわずかな労力でも、どんな態度でも、とにかく人手が必要だった。本当にひどい場合は辞めてもらったが、与えられた役割を果たさない人をすべてクビにしていたら、請け負った仕事をこなすことはできなかった。

したがって、チームリーダーはあらゆる事態に対応しなければならず、ときには自分が徹夜で働いて穴埋めをし、翌日に遅れを持ち越さないようにした。日を追うごとに状況は悪化した。臨時採用の学生は、仕事がきつすぎると言って次々に辞めた。残った人も疲れがたまるにつれて、ますます不愉快な態度を見せた。

私は現場を回って水とピザの差し入れを配りながら、リーダーたちのみじめそうな表情に心が痛んだ。私たちの最高のスタッフが、今のスチューデント・メイドを支えている人々が、落胆して、うんざりして、疲れきった顔をしていた。

転出シーズンも残り1週間となるころには、私を含む誰もが、会社を辞めて1年くらい休暇を取りたい気分だった。優秀なメンバーの一部は夏になると、ほかの会社でインターンシップをしたり、実家に帰ったりするようになった。彼らを責めることはできなかった。許されるなら私も休みたかったのだから。

転出シーズンのスチューデント・メイドは、私にとって別の会社のように思えただけではない。本当に違う会社になっていたのだ。私たちの愛する場所であるスチューデント・メイドが、毎年夏だけは、逃げたくても逃げられない場所になった。

稼ぎ時を手放すという決断

しかし、モーガンの一件の後、すべてが変わり始めた。

夏はまだ何カ月も先だった。私は会議室に座り、採用チームが集まるのを待っていた。その年の転出シーズンに備えて、最初の打ち合わせが始まろうとしていた。部屋に入ってくるメンバーはおびえた表情で、夏が来ることを考えたくもないという雰囲気だった。シーズン中に清掃する予定の物件と必要な人数について話し合っていたとき、私はふと、壁に掲げたコア・バリューを見上げた。

そのとき目が覚めた。どうしてこんなことをしているのだろう。私の大切なメンバーに、また同じことを繰り返させるつもりなのか。最悪の事態になることはわかりきっていた。会社にふさわしくない人々を招き入れるのだ。自分たちのコア・バリューを投げ捨てて、自分たちの企業文化を失墜させようとしているのだ。最も優秀なメンバーをみじめのどん底に突き落とすのだ。そこまで犠牲を払う価値があるだろうか。

ない。まったくない。

私は椅子に座ったまま、モーガンの言葉を思い出していた。企業文化にフィットしない人をチームに居座らせた私を、彼女は尊敬できなくなったと言った。このまま転出シーズンを迎えたら、私は同じことを繰り返すだけだ。

私たちのコア・バリューを一つも体現していない人に、スチューデント・メイドを名乗らせていいのだろうか。たった3週間だから、期間限定の雇用だからという理由で、私は転出シーズンを正当化していた。稼いだ分は会社に再投資して、成長につなげているのだから、と。

戦線から離脱したら、有力な競争相手の参入を許すのではないかという不安もあった。しかし、私が考えるべきことは、一緒に働く人々と私たちの企業文化であり、その両方に転出シーズンが与える影響だった。

私は過激な提案をした。転出シーズンの仕事を減らそう。かなり思い切って減らそう。転出シーズンの採用も、通年の採用と同じやり方でいいのではないか。大量の需要があるからといって、すべてに対応する必要はない。企業文化をそこまで犠牲にする理由もない。契約の量を減らして、会社にフィットする人だけを採用すればいい。しかも、余計なコストはかからない。

仕事は大幅に減ったけれど

アビーと採用チームのメンバーは、私が会議室の真ん中で宙返りをしたかのように、あっけに取られていた。転出シーズンにこれまでの規模で対応しないという選択肢があることさえ、誰も考えたことがなかった。転出シーズンは、スチューデント・メイドにとって避けられない現実だった。会社の看板を掲げたその日から、やってきたことだった。

私たちは話し合った。とことん話し合った。最終的に、売上げを大幅に増やすことより企業文化のほうが大切だ、という結論に達した。重みのある決断だが、そうと決まると安堵した。夏はまだかなり先だったが、私たちは常連客を訪ねて回り、仕事の規模を縮小することと、その理由を説明した。

転出シーズンに最も信頼できる最大規模の清掃チームを失うのだから、歓迎する管理人はいなかったが、私たちの選択を責める声もなかった。利益より社員を大切にするという決断を、尊敬すると言う人さえいた。

最初の1年は、最悪の夏休みが続いている気がした。**仕事は大幅に減り、売上げも大幅に落ち込んだ。しかし、慎重な採用を続けた結果、転出シーズンを終えても年間を通じて働く優秀なメンバーが集まった。創業から初めて、私たちは1年間を通じてスチューデント・メイドなのだと実感した。**

振り返ってみると、転出シーズンの方針を変えるまでに、あれだけ長い時間を要したことに驚かされる。利益率が低い清掃会社にとって、目の前に積まれたカネをやり過ごすというのは難しい選択だ。しかし、利益を上げるために被る得体の知れない損失について冷静に考えれば、簡単な選択だった。

私たちはあらゆるダメージから企業文化を守らなければならない。たとえ大金を逃すことになっても。

◉破ってもかまわないルールと決して破ってはいけないルール

会社に対する評価は、会社で働く人々に対する評価を超えることはない。言い古されたことだが、やはり真実だ。

破ってもかまわないルールと、決して破ってはいけないルールの違いを、私は早い時期に学んだ。ときには採用基準を無視する必要があることは、ジェイドに教わった。**私がチームに迎え入れた優秀な人の中には、採用条件を一つも満たしていない人もいた。**素晴らしい人材に出会ったら、何とかして彼らを受け入れる方法を考えなければならない。

そして、トニー・シェイが教えてくれたように、コア・バリューより優先すべきルールはない。私たちは大切な企業文化を守るために、会社の性格や信念と合致する人を採用してきた。ただし、モーガンの一件で痛い思いをして学んだ教訓を胸に、コア・バリューに反する人は進んで切り捨てている。切り捨てなければ、彼らは私たちの会社を、私たちの知らない会社に変えるだろう。

成長期の企業は、特にもろい。手を伸ばせば届きそうなカネをやり過ごすことは、決して簡単ではない。しかし、**利益や顧客を増やすために雇用のプロセスで妥協すれば、手に入れた以上のものを失うだけだ。**

▼条件にしばられすぎて最高だと思った人材を逃すことは、決定的損失だ。
▼採用条件より直感を信じる。
▼私の代わりに採用できる人なんているわけがないと思っていた。
▼『ザッポス伝説』という本に出会うまで、私は企業文化について何もわかっていなかった。著者のトニー・シェイは、私の双子のような人のはず。企業文化に関する間違った理解のせいで、貴重な資源を無駄遣いしていた私を救ってくれた。
▼企業文化はそこで働く人々で決まる。
▼トニー・シェイはザッポスの規律となる10項目のコア・バリューをまとめ、それに忠実な人だけを採用すると決めた。それで、ほかの人に採用プロセスを任せることができた。私もそうしたい。
▼コア・バリューに沿う人を完璧に見分ける質問を見つけるのは難しい。だからコア・バリューを体現する人の直観を信じる。

▼自分にふさわしい会社かどうかわかるように、すべての事実を明らかにし、ミスマッチを防ぎたい。
▼コア・バリューに反し不正をする人を知らされたのに、放置したのは最悪の失敗だった。
▼繁忙期に売上げにつられてコア・バリューを軽視した採用を行ってはならない。
▼採用条件にはずれていても優秀な人はいるが、コア・バリューに反していても雇うべき人はいない。

第5章

支え合う人間関係がつくるもの

◉ビア樽に逆立ちした夜

「のめ！　のめ！　のめ！　のめ！」

リビングは赤いプラスチックコップを持った大学生であふれ返っていた。スピーカーがリル・ウェインのラップをがなり立てる。大音響の低音が広がり、壁にかけた絵が震えていた。奇跡的に警察官は来ていなかったが、時間の問題だろう。

空のビール缶が床に散らばっている。バスルームは数時間前にトイレットペーパーがなくなったままだ。ゴミ箱はいっぱいで、ジェロ・ショット［アルコール入りのゼリー］はほとんど残っていない。

人だかりの真ん中で、2人の酔っ払いが女性の両脚を持ち上げている。彼女はビア樽を両手でつかんで逆立ちをしたまま、蛇口から直にバド・ライトを飲んでいた。

ビールが鼻に来ても飲み続け、周囲はますます騒々しくなった。

完全な酔っ払いだ。

ケグ・スタンド［ビア樽に逆立ちをしてイッキ飲みをする競争］はいつ見ても美しい光景ではな

いが、今回は特にひどかった。

理由1　ここは私の家のリビングだ。
理由2　逆立ちをしている女性は私だ。
理由3　私の両脚を持ち上げているのは、スチューデント・メイドのスタッフだ。

あなたの言いたいことはわかる。リーダーシップについてこれほど学んできた私が、こんなに愚かなことをするなんて。

何しろエリンが去った後、会社はすっかり変わってしまって……。申し訳ない、冗談だ。

このパーティーはエリンが辞めるずっと前のことで、私の大学卒業祝いだった。ちょうど金融の仕事をあきらめて、スチューデント・メイドに専念しようと決めた時期でもあった。

当時の私は、ジェロ・ショットを一緒にすること以外にも、チームの人間関係を築く方法があることを知らなかった。信頼や弱さ、共感、相互の尊敬を通じて絆を結べることも、そのようにして築いた関係が自分にもスチューデント・メイドにも恩恵をもたらし、全員が二日酔いになるよりはるかに強い絆になることも、まだ理解していなかった。

この章では、仲間の両脚を持ち上げる関係から、背中を支え合う関係に成長して、本物のチームになるまでの物語を話そう。

◉学生が離れていくのが怖くて、飲み過ぎる日々

あのケグ・スタンドは思い出すだけでもかなり恥ずかしいが、みっともない逆立ちを披露することになった理由もよく覚えている。私は当時、自分が雇っている学生の多くと同じ年齢で、彼らは仕事仲間である以上に友人だった。学生が学生ばかりの会社を経営していたのだ。

私たちはプールでパーティーを開き、バーで酒を飲んだ。みんな同じフットボールチームのファンで、試合観戦の後はバーベキューを楽しんだ。同じ授業を履修しているクラスメイトもいた。

私が数人のルームメイトと住んでいた家の裏手が清掃用具の保管場所で、学生が仕事の行き帰りに立ち寄っていたことも、逆立ちの一因だった。インキュベーターに入居するまでは、土曜日の朝に学生が家に来ると、私がパジャマを着て、寝グセをつけたままソファに座っていることもめずらしくなかった。

給料の支払日は、学生が車庫の前に列を作った。小切手を受け取った後も前庭にたむろして、

私と並んでロッキングチェアーに座り、雑談をした。仕事がない日も、私の顔を見に来る（ついでに冷蔵庫をあさっていく）学生もいた。だから私の卒業パーティーに彼らを招待したのは、ごく当たり前のことだった。一緒に働いて、一緒にパーティーで盛り上がる。それが私たちの流儀だった。

今は、私もそこまで愚かではない。当時も、自分が給料を払っている人たちとパーティーで羽目をはずすことは、おそらくプロフェッショナルにふさわしい行動ではないとわかっていた。しかし一方で、私と学生の間の境界線は、あいまいなままでいいと思っていた。あのころの私は100パーセント、チアリーダーだった。

そして、**私が彼らと盛り上がって二日酔いになることで、彼らが仕事（とボス）を好きになってくれるのなら、プロフェッショナルとしての威厳を少々失ってもいいと思っていた。**学生が私から離れていくことを恐れて、失敗を見て見ぬふりをしたときと同じ発想だ。

こうして私は、昼はポンポンを振り、夜はビアポン［「ビールが入ったコップにピンポン玉を投げ入れるゲーム。負けたチームがビールを飲み干す」］に励んでいた。

学生との大騒ぎをやめたら不安になった

チームのメンバーと大騒ぎをする習慣は、いつ深刻な問題に発展してもおかしくなかったが、幸運にもそのような事態は免れた。会社が成長するにつれて、私は金曜日の夜を書店で過ごすことが多くなり、ホームパーティーを開く体力も、気持ちも薄れた。そして、深く考えたわけではないが、学生とのパーティーから徐々に足が遠のいた。

彼らとバカ騒ぎに興じることはいっさいやめようと決めたのは、コア・バリューを導入したときだ。オフィスの壁に掲げたコア・バリューを見て、自分が学生の手本にならなければいけないと、私は再認識した。まずは、常に「礼を重んじる」ことからだ（ケグ・スタンドは、どんなに上品にやったところで、間違いなく礼を失していた）。

これからは学生とのパーティーも、勤務終了後の乾杯も、井戸端会議もなし。彼らの春休みの計画を詳しく聞くこともしない。私が学生にとって最強の応援団であることに変わりはないが、彼らのプライベートにまで関わらなくても応援することはできる。

オフィスで学生に会ったら、仕事モードを崩さずに、「新しいデッキブラシの使い心地はどう？」と質問して、「ワオ！の壁」に掲載されたお祝いを言うだけにした。古参の学生たちは、私が呪いをかけられて誰かと中身が入れ替わったのかと思っただろう。パーティー好きのご機嫌なクリステンが、あっというまに真面目で堅物のクリステンに変わった。

ただし、私がいつも頼りにしている本能の声が、何かが違うとささやいていた。私は疎外感を募らせていた。仕事をしているときの自分は本当の自分ではないと感じ、不誠実だと思い始めた。学生を本当の意味で理解できなくなり、彼らも本当の私を知ることはなくなった。自分は大きく後退しているのではないか、そんな不安に襲われた。

クラブハウスのアームチェアにふんぞり返っていたときのように、チームとの距離が広がっている気がした。あの夏の日には二度と戻りたくなかった。しかし、どうすればいいのだろう。「もう面倒くさい！」と叫び、ビア樽を担いでみせようか。それも名案だろう。台所の棚にジェロ・ショットの粉末がまだ残っていたはずだ。

しかし、私が再び逆立ちをする前に、メンターのリッチが別の視点を教えてくれた。

◉リッチ主催のミーティングで、少しずつ自分をさらけ出せるようになった

リッチが主宰するミーティングは、一緒に仕事をする人々と親しくなることについて、私の考

えを根底から変えた。最初の課題は、自分の弱さを認めることだった。

彼らと集まる目的は、心の奥底の不安や試練を共有して、考え方や助言を出し合うことだった。最初の数回は、私は自分をさらけ出すことができなかった。ほとんど知らない人たちに、家族や親友にさえ打ち明けたことのない話をするのは、まだためらいがあった。

次の給料日までにどうやって金を工面しようかと考えると夜も眠れず、友人と仲たがいをして涙に暮れるときもあったが、いざミーティングが始まって自分の番になると、新しい保険会社を探していることや、清掃用具の値段の交渉に苦労している話でごまかしていた。

私に自分をさらけ出す勇気をくれたのは、音楽ストリーミング配信サービスの共同創業者のジョシュだ。彼の起業の旅は、最初からジェットコースターのように波乱万丈だった。人々が音楽を共有する方法を変えようとしていたジョシュは、業界を大混乱に陥れ、大手レコード会社から毎月のように新たな訴訟を起こされていた。会社が翌日まで生き延びられるかどうか、本人にもわからないほどだった。

ジョシュをよく知らない人にとって、彼は不屈の男だった。挫折を繰り返しても決してあきらめなかった。しかし、私たちのミーティングでは、ジョシュは別の顔を見せた。自分がどんなにおびえているかを、彼は隠そうとしなかった。

何もかも投げ出したくなるときがあることや、ストレスが個人的な人間関係に影響を及ぼしていることも正直に話した。しかし、彼の強さや偉大さは少しも失われなかった。それどころか、私たちはそれまで以上に彼を尊敬した。

ジョシュの弱さに触れて、ほかのメンバーも警戒心を緩めやすくなった。特に私は、背中を押された気がした。財政的な重圧や不満を抱えている従業員について、厳しい決断や不安、後悔について、誰もが以前より気楽に話せるようになった。

いつも重苦しい雰囲気だったわけではない。私たちは自分の夢も語り合った。どんなふうに世の中を変えたいかという目標や、結婚したい相手のこと、死ぬまでにやっておきたいことのリストの話もした。

もっと詳しく紹介したいところだが、他言無用の約束だ。ミーティングは私たちの避難所になった。本当の自分に完全に戻って、評価や批判をされることもなく、思ったことを口にできた。

ビジネスパートナーは夫婦、会社はわが子

自分の苦悩を理解してくれている人からの支援は大きな変化をもたらすと、リッチは知っていた。だからこそ、このミーティングを始めたのだ。「人の上に立つことは孤独である」という言葉の意味を、彼は誰にも実感させたくなかった。このようなグループセッションはリッチにとっ

ても初めての試みだったが、ビジネスパートナーであるダリンとの関係は同じような避難所になっていた。

リッチとダリンは最初から有意義な友情を育もうと意識していたわけではないが、時間をかけてゆっくりと、2人の友情は深まっていった。起業した当初は、2人で車を運転して顧客や供給業者を訪ねた。1回に数日間のドライブ旅行だった。何時間も同乗していると、何時間も会話をすることになる。最初のうちは会社でうまくいっていることや、うまくいっていないこと、将来の目標などを話していた。

しかし、創業したばかりの会社に関する話題は、そう多くない。延々と車に揺られているうちに、個人的な話になることも少なくなかった。私たちのミーティングと同じように、2人で話した内容は、ほかの誰にも言わなかった。彼らは互いに理解を深め、個人的にも親しくなった。

ほとんどのことより2人の関係を優先させ、相手への投資はやがて実を結んだ。四半世紀を経た今、会社があらゆる嵐を乗り越えて頂点に立つことができたのは、自分たちの絆の力だとリッチは信じている。2人の関係を、彼は家族にたとえる。両親が自分たちの夫婦関係を大切にすれば、子供は人生の浮き沈みにもまれながらも、確固とした軸を持つことができる。

私は大いに刺激を受けた。私には共同創業者はいないが、アビーがいた。さまざまな意味で、彼女は私のビジネスパートナーだ。スチューデント・メイドに対して、彼女は資金的な責任も法的な責任も負っていないが、私と同じくらい会社のことを考えていた。エリンが去った後はなおさら、私たち2人が会社の中心になってきた。

私にとって、学生よりアビーのほうが、はるかに距離は近かった。毎日、一緒に働いていたのだから当然だ。互いのことをよく知っていたから、彼女は私の顔を見るだけでストレスを抱えているのだろうと察し、私も彼女の声を聞けば空腹なのだとわかった。私がカフェインに飢えているときも、彼女はすぐに気がついた。彼女が1人になりたいときも、私には隠せなかった。

しかし、**リッチたちとのミーティングを通して、アビーと私の関係は表面をなでているだけだと気がついた。**私たちも会社の親になるつもりなら、自分たちの結婚生活から見直したほうがよさそうだった。

◉アビーと2人だけの合宿が絆を深めてくれた

アビーと私の場合、リッチとダリンと違って、仕事に関連してオフィスの外でも長時間、一緒に過ごす機会はなかった。そこで私は旅行を企画した。

私たちの最初のドライブ旅行は、ささやかな息抜きにすぎなかった。飛行機で南の楽園の島に飛び、しゃれたブティックホテルに泊まりたかったが、現実には車で2時間の所にあるマリオットホテルで、ダブルクイーンベッドの禁煙ルームに2泊するのが精一杯だった。旅のあいだの予定は最小限にした。

テイクアウトの食事や休息の合間に情報を交換して、じっくり考え、ブレインストーミングを行い、今後の目標を決めた。月に1回、2人で朝食をとりながら自分が読んだビジネス書を紹介し合うなど、いくつか素晴らしいアイデアが出た。しかし、**旅の最大の成果は、オフィスとは違うやり方で個人的な絆を深められたことだ。私たちは家族や友人、恋愛についてもじっくり話をした。リッチとダリンと同じように、旅を終えたときは以前より距離が縮まっていた。**

その後も年に1回は、2人で4、5日間の「合宿」を行った。スチューデント・メイドの成長とグルーポンの格安クーポンのおかげで、マイアミやラスベガス、セドナに足を伸ばすことができた。合宿はアビーと私が一緒に過ごす貴重な時間になった。

まず、前回からの1年間について本音で話し合う。うまくいっていると思えることより、変えたいと思うことを中心に話をした。年間の予算を検証し、会社を劇的に変えるような決断を下すときもあった。日々大きくなり続ける学生のチームを束ねることの責任について、私たちは似たような不安を抱えていた。

合宿が終わるころには、会社にも私たちが進む方向にも、それまで以上に情熱を感じることができた。旅を重ねるごとに友情が深まった。互いのことを知るほどに信頼が強まった。そして、公私ともに、互いをより大切に思うようになった。

◉プライベートでも学生を支えよう

あるとき、出社したアビーは気もそぞろで、イライラしている様子だった。いつもの彼女らしくなかった。彼女は小さな声で、家族が緊急手術を受けることになり、合併症のリスクが高いのだと言った。プライベートで何があっても仕事をやり遂げる人だ。その彼女が、短い期間でいいから休暇を取りたいと、無言で訴えていた。私は彼女に、今すぐに帰って、何日でも好きなだけ休んでかまわないと言った。

手術の日は私も心配でたまらず、仕事に集中できなかった。自分の家族が手術室にいるかのようだった。その日の夕方、ようやくアビーから電話がかかってきた。すべて順調だという。彼女の声に安堵がにじみ出ていた。私はうれしくて涙が出た。アビーも泣いていたはずだ。のちに彼女は、人生でもとりわけ心細かったときに、私の支えがいかに大きかったかと言った。

彼女の支えになれてよかった。彼女が私に本当のことを打ち明けるのをためらい、家族のそばにいるべきときに休暇を取らなかったら、どうなっていただろう。

そして、私がアビーを支えたように、私とアビーがスチューデント・メイドのチームを支えたいと思うようになった。そのためには、彼らのことをもっと知らなければならない。オフィスの外でどんな問題を抱えているのだろうか。プライベートのことも私たちに話しやすくするためには、どうすればいいだろうか。

全員を合宿に連れて行くことは不可能だった。会社は順調だったが、さすがにそこまでの余裕はなかった。

その次の合宿では、学生のことをもっとよく知る方法を考えた。ブレインストーミングの結果、少なくとも週に1回、オフィスの外で学生と1対1で話をすることにした。仕事から離れて2人で合宿をしている間は、いつもと異なる考え方ができる。学生も同じような状況になれば、積極的に心を開いてくれるのではないか。そこで、私たちはカフェやレストラン、フローズンヨーグルトの店など、さまざまな場所で学生と会った（ビアパーティーはやめておいた）。

卒業しても、私やアビーと働かない?

最初は1対1で話をしてもぎこちなく、どこか無理があった。それも当然だろう。私たちミレニアル世代の大半は、リアルな世界で新しい関係を結ぶより、ソーシャルメディアで「友だち」になるほうが多い。10人のうち4人は、友人や家族と話をするより、携帯電話で誰かとやりとりをする時間のほうが長い。

しかし、実際に学生と会うようになると、彼らも私たちとの会話を楽しむようになった。自分の趣味を披露して、ペットの写真を見せ、大好きなおばや祖父の話をした。難しい授業について怒りを爆発させ、卒業後に就職できなかったらどうしようと不安を訴える人もいた。やがて、**私たちが目指していた段階に到達した。仕事に影響を与える個人的な問題を、学生たちが包み隠さずに相談するようになったのだ。**

シャーロットは、私とコーヒーを飲んだ数日後に、窮地に陥った。アパートメントの賃貸契約が切れたが、引っ越し先に入居できるのは1週間後。夏休みで友人は街に残っておらず、ホテルに泊まるお金はなかった。

シャーロットから車に寝泊まりすると聞いて、私はすぐに言った。「絶対にダメ！　私の家に来てちょうだい」。彼女は驚いた表情で私を見つめ、世話になることはできないと言った。しかし、私は譲らなかった。彼女は3日間、私の家に泊まった後、新しいアパートメントに入居した。

この話を人にすると、誰もがシャーロットと同じくらい驚いて私を見る。「従業員を自宅に泊めたの？」

もちろんだ。不適切だと思う人が多いかもしれないが、私にとっては正しい判断だった。私がたまたま組織のトップにいるというだけの理由で、学生と恣意的な距離を保つことより、学生自身のことが大切だった。シャーロットは大学を卒業する際に、頼る人がいないときに私が手を差し伸べてくれたことは、生涯忘れないと言った。

リーダーとしての私の責任は、みんなと一緒にパーティーをすることでも、彼らを締め出すことでもない。機会があればいつでも彼らを支えられるように、彼らのそばにいることだ。学生を個人的に知るほど、私は彼らを心から気にかけるようになった。

チームのすべてのメンバーが、私にとって大切な存在だった。しかし、その中でも何人かは特に、卒業してもスチューデント・メイドに残ってほしいと思った。

たぶん彼らも、ここで働き続けることに興味があるのではないか。アビーと私を手伝って、会社の成長に貢献したいと思っているのではないか。卒業しても残らないかと、確かめてみてもいいだろう。

幸運なことに、彼らはイエスと言ってくれた。

◉リーダーシップ・チームの船出

フルタイムで働くようになった優秀なスタッフは、「リーダーシップ・チーム」に加わった。エリンが辞めてから数年間はアビーと私の2人体制だったが、やがて4人になり、6人、7人、10人と増えた。会議室のテーブルは狭くなり、あと1人増えたら私の膝の上に座るしかなかった。

リーダーシップ・チームのメンバーは互いによく知っていて、初めて全員が集まるミーティングも、しばらく前から一緒に働いているような気がした。しかし、私たちの親密さは、私が必要と思うレベルには程遠かった。

私と一人ひとりの関係も、彼らの互いの関係も、もっと強くしなければならない。リーダーシップ・チームが協調して、スチューデント・メイドと学生のために最善の判断を下すのだ。アビーと私は合宿のおかげでより親しくなった。そこで、リーダーシップ・チーム全体でも毎年合宿を行い、アビーと私はグルーポンのクーポンで2人の逃避行を続けた。

チーム合宿は、車で行けるところに広い一軒家を借りて（1回だけ豪華なクルーズ旅行をしたこともある）、ソファやバルコニーでくつろぎながら1年間を振り返った。

オフィスのデスクを離れると、1年間の仕事を大局的に眺められるだけでなく、思いもしなかった交流も生まれ、さまざまな素顔を知った。実は最高のダンサー（あるいは最低のダンサー）だった人、本格的な料理を作る人（あるいはトーストを焦がす人）、日の出とともにベッドから出る人（あるいはアラームのスヌーズボタンが大好きな人）、私をからかうことがうまい人（これは全員がうまかった）。

大人数でも驚くほど親密な雰囲気だった。アビーと2人の合宿と同じように、仕事の話題からいつのまにか個人的な話になり、話し合うことで癒された。

合宿が終わるころにはいつも、行く前より親しい友人かつチームメイトになって、互いに深く理解し、認め合っていた。仕事に戻ってからも、オフィスから駐車場まで仲間意識が浸透していた。毎日のように一緒にランチを食べ、おもちゃの銃を撃ち合うときもあった（何回でも言おう、私たちはミレニアル世代だ）。金曜日に夜遅くまで残業する人がいれば、みんなで手伝った。

私の期待どおり、リーダーシップ・チームの合宿は、会社にさまざまな恩恵をもたらした。合宿では次の1年間の目標を決めて、新しいプロジェクトやアイデアを考え、それぞれ実行する際の責任者を選んだ。合宿から戻ってきた私たちは、仕事に対する新たな情熱にあふれ、新しいプロジェクトをすぐに実行しようと意気込んでいた。

◉支店開設に動く

リーダーシップ・チームの情熱は、学生たちにも自然と広まった。クライアント先へ行く前に、オフィスで私たちが精力的に働く姿を見た学生は、ここで働けてよかったと実感した。会社の収益は右肩上がりで、新しいクライアントが次々に増えていった。今回は成長しながら企業文化も守っていた。そろそろ支店開設の計画を再開してもいいころだと、私は思った。準備は整ったようだ。

タンパ支店の計画を中止して以来、私は常に次の機会をうかがっていた。しかし、必死に目を凝らす必要はなかった。ある日突然、有望な機会が空から降ってきた。

電話をかけてきたのは、フロリダ州ペンサコラ・ビーチの大手リゾート会社のエグゼクティブだった。彼女は私たちの元メンバーからスチューデント・メイドの話を聞いていた。そして、自社の高級コンドミニアムが新しい清掃会社を探していたときに、私たちのことを思い出した。

ペンサコラに支店を開くつもりがあるなら、なるべく早く来たほうがいいと、彼女は言った。繁忙期に入る前に稼働していなければ、私たちと契約を結べない。あと6カ月しかなかった。

ゲインズビルからは、ペンサコラはタンパより少し（いや、かなり）遠い。陸路で約560キロ。飛行機の直行便はなかった。ただし、**相手は数百軒のコンドミニアムだ。エグゼクティブからの電話に「やります」と即答したかったが、その前にやるべきことが二つあった。これからビジネスをする相手に直接会うことと、初めての支店を任せられる人を見つけることだ**（どうやら私も成長したようだ。昔の私なら、そのような問題はすっ飛ばして即答していただろう）。

タンパのときと同じように、アビーも私もゲインズビルを離れたくなかったが、フランチャイズ方式はありえなかった。スチューデント・メイドの支店を経営したいという問い合わせはすでにたくさん来ていたが、私たちの知らない人に、私たちの企業文化を再現することはできない。

スチューデント・メイドの名前を、そんなふうに利用するつもりはなかった。したがって支店のリーダーは、現役のチームメンバーか卒業生でなければならない。スチューデント・メイドで実際に働いたことがあり、スチューデント・メイドの一部になるという感覚を知っている人。私の頭の中には、リーダーシップ・チームのあるメンバーの顔が浮かんでいた。

ジャーナリスト志望だった支店長・レイチェル

レイチェルはちょうどペンサコラの出身で、1年近く私たちと清掃の仕事をしていた。例のエグゼクティブからの電話の数カ月前に、フロリダ大学を卒業してジャーナリズムの学位を取得していたが、残念ながらその分野の仕事が見つからなかった。
愚かな新聞社は、自分たちが手放したものの価値を知らなかったのだ。彼女は誠実で、献身的で、超ポジティブなだけでなく、優秀なライターだった。**清掃会社は、未来のニューヨーク・タイムズ紙編集長がスキルを磨く場所とは言えなかった。**

しかし、私はレイチェルが会社にとって重要な資産になることを知っていたから、次の仕事が見つかるまでリーダーシップ・チームで働かないかと誘った。彼女は会社のニューズレターを書き、ウェブサイトを編集して、私がブログを始める手助けをしてくれた。

多くの人が、レイチェルには事業を運営する資質がまったくないと言った。もっとも、私たちリーダーシップ・チームにも、そのような資質を持つ人はいなかったのだが。レイチェルは当時22歳。スチューデント・メイド以外で働いた経験はないも同然だった。

一方で、彼女は私たちのコア・バリューを体現していた。彼女のような人なら、人間関係を育んで、ゲインズビルの私たちと同じようなチームを築くことができるだろう。少し時間をかけて訓練すれば、自分で道を切り開けるはずだ。

新しい支店の話を聞いてレイチェルは興奮したが、私が本気だとは思っていなかった。「クリステン、私がジャーナリズムを専攻したことは知っているでしょう？　経営学じゃないのよ？」

◉ペンサコラ支店のゴーサイン

それからまもなく、私はレイチェルとアビーと共に、車でペンサコラに向かった。電話で話したエグゼクティブに挨拶をする……つもりだった。ところが、リゾート会社に着いて案内された会議室では、10人の重役が私たちを待っていた。CEOもいた。

私はデジャ・ブを見ている気がした。あの夏の日、何も知らずにアパートメントの清掃契約の入札会場に入り込んだときと、まさに同じ感覚だった。しかし、今回は、私には仲間がいた。

重役たちは手加減なしだった。ミーティングが始まってすぐに、こんなに若い会社を本当に信用していいのかと聞かれた。**私は自分の手が震えていることを考えないようにしながら、自信があるふりをして、どうぞ私たちのクライアントにスチューデント・メイドと契約するべき理由を教えてもらってください、と答えた。**さらにいくつかやりとりがあり、誰もが笑顔になった。

将来性を感じさせる機会だったが、ビジネスとして精査する必要があった。私たちは現地に足を運び、地元の大学をいくつか回って商工会議所を訪ねた。問題はなさそうだった。学生の採用も、リゾート施設だけでなく住宅や商業施設にまでサービスを広げることも、うまくいきそうだった。

数週間後、レイチェルは数人のスタッフを連れて再びペンサコラへ行き、リゾート施設でお試しの清掃をした。出来栄えを点検した重役たちは、驚き、感動した。彼らはゴーサインを出した。いよいよだ。

不安の中の旅立ち

大仕事を引き受けて準備を進めるレイチェルに、最初から「失敗したら自分で解決する」ことを求めるのは、厳しすぎるだろうと私は思った。もちろん、自分で解決しなければならない場面もあるだろう。しかし、少なくとも、彼女の拠り所となる確かな基盤が必要だった。

彼女はアビーと私のそばで、人事や営業、マーケティング、オペレーションの実地訓練を重ねた。私は常に、何でも質問していいし、どんな不安でも相談してほしいと励ました。

ある夜、レイチェルが私に聞いた。「領収書をなくしたらどうなるんですか?」

45人のスタッフを一度に失わないかぎり大丈夫だと、私は答えた。

レイチェルならできると私は確信していたが、一方で、すべて自分でやろうとするのではないか、すべて自分でやらなければ気が済まないのではないか、という心配もあった。どんなときも信頼できて、責任の一部を任せられるような相棒が必要だ。一緒に悲しみ、一緒に喜んでくれる人――彼女にもアビーが必要だった。

レイチェルの大学時代のルームメイトに、ペンサコラ出身のサラという女性がいた。彼女もまだ就職が決まっていなかった。レイチェルはサラに、自分の右腕になってくれないかと相談した。サラは喜んで引き受けた。

数カ月後、トラックに清掃用具と掃除機と愛を積んで、レイチェルは故郷を目指した。冒険の始まりだ。オフィスの駐車場を出るときには、リーダーシップ・チームの全員が手を振って見送った。

私は、できるだけ時間をつくってペンサコラに行くから、毎日連絡するからと叫んだ。トラックのエンジン音にかき消されて、彼女に聞こえたかどうかはわからない。それでよかった。私の約束は、トラックのフロントガラスにぶつかった虫より早く息絶えたのだから。

◉成長に次ぐ成長がもたらす光と影

スチューデント・メイドは、私たちが誰も想像しなかった勢いで成長していた。

ペンサコラではレイチェルとサラが面接をして学生を採用したが、ゲインズビルでもクライアントが増え続けた。契約が増える、学生が増える、リーダーシップ・チームのメンバーが増える。増えて、増えて、増え続けた。

さらに、このくらいでは忙しいとは言えないと思ったのか、私たちはソフトウエアの開発を手がけることになった。

クライアントの予約の管理はグーグル・カレンダーを頼りにしていたが、依頼が増え過ぎて容量が限界になった。良さそうなソフトウエアを何十本と試したが、求める機能をすべて備えたものは見つからなかった。

まだ私の知らないソフトウエアがあるかもしれないと、テクノロジーに詳しい友人に聞いてみたが、その1人から意外な提案があった。理想のソフトウエアがないなら、僕と一緒に事業を立ち上げて、自分たちで作ろう。スチューデント・メイドが必要としているソフトウエアなら、ほかの清掃会社もきっと欲しがるだろう。そう言ったのは、リッチのミーティングで知り合った、音楽ストリーミング配信事業を手がけるジョシュだ。

ジョシュと私は大の親友になり、いつか一緒に会社をつくろうと、ささやかな約束をしたこともあった。私たちは企業文化やビジネスに関する考え方に共通点が多く、一緒に何かを創造できたらおもしろいだろうと思っていた。そのチャンスがめぐってきたのだ。

私たちは二つの開発業者と提携し、州の技術開発の助成金を申請した。そして、私たちのアイデアと開発業者のプログラミング技術を結び付け、スチューデント・メイドの要求に合わせたスケジュール管理アプリを構築し、ほかの清掃業者にも販売した。

何かが変わり始めた

同じころ、スチューデント・メイドが入居しているビルが売却され、周辺の開発計画に伴って取り壊されることになった。いずれにせよ、かなり手狭になっていたからちょうどいいタイミングだった。

ありがたいことに、取り壊しが始まるまで時間の余裕があり、私たちは新しい物件を見つけて理想のオフィスに改装した。明るい照明、美しい装飾、広大なオープンスペース。大勢で集まって人間関係を育むための広い空間が、どうしても欲しかったのだ。

コーヒーを飲むコーナーや、料理ができるキッチンも用意した。リビングには大きなソファをいくつか置いて、学生がシフトの合間にくつろげるようにした。彼らが勉強できるスペースも作り、リーダーを目指す私の旅を支えてきた本を図書室に並べた。窓もあった（立派なオフィスの象徴だ）。

ずっと憧れていた、スチューデント・メイドの本拠地だ。広々とした空間や大画面のモニターが欲しかったわけではない。チームのメンバーにとって、新しいオフィスは「第二の我が家」だった。仕事がない日もやって来て、くつろいだり、勉強をする人までいた。

私も自分の第二の我が家にするつもりだった。しかし、新しいオフィスに移ってからまもなく、講演の依頼が本格的に増えた。その数年前から、大学で経営学を教わった教授に頼まれて、学生に起業のいきさつを話していた。その評判が広まり、全米の大学から、リーダーシップや起業についての講演に招かれるようになった。

コア・バリューに忠実であることの大切さや、仲間と向き合う方法など、スチューデント・メイドで教えていることを大学で教えるときもある。さらに、スチューデント・メイドの学生は、トイレを掃除しているときも仕事へのエンゲージメントを維持している。それを可能にしたアプローチに、企業や組織も興味をそそられた。

以前はめったにゲインズビルを離れなかった私が、月に8~9回、講演のため市外に出かけるようになった。オフィスより空港にいる時間が長くなり、自宅のベッドよりホテルのベッドで寝ることが増えた。ペンサコラを訪ねることも、毎日電話をかけることも忘れていた。運がよければ、ゲインズビルでチームのメンバーと会える日もあった。

決して理想的な状況ではなかった。ペンサコラで支店を立ち上げ、スケジュール管理アプリを開発し、新しいオフィスの改装をしている合間に、財政面でもいくつか大きな判断を迫られた。

転出シーズンの悪夢を繰り返すつもりはなく、金を稼ぐためだけに企業文化が傷つくのはもう見たくなかった。

そこで、新しい事業やサービスの採算が取れるようになるまで、私の講演料も運転資金に回すことにした。講演は楽しかったが、プレッシャーも大きかった。旅回りを続けて1年ほど経ったころ、自分の中で何かが変わり始めた気がした。

◉理想のオフィスは息絶えた

スチューデント・メイドを立ち上げたころは、毎朝アラームが鳴る前にベッドから飛び起き、毎日のように深夜まで働いた。

しかし、どんなに長く寝ても、朝起きるときに面倒だと思うようになった。ベッドから出て足が床に届くころには、仕事に行く気は失せていた。あの仕事のために早く起きようとは、とても思えなかった。飛行機でゲインズビルに戻ったら、2日で荷造りをして次の出張先に向かう。その繰り返しだった。

オフィスでは雑談をする暇もなく、最短距離で自分のデスクに行くとドアを閉めて、大量の書類仕事に没頭した。リーダーシップ・チームは私がストレスで参っていることを察し、どうしても必要なとき以外は私に近寄らなかった。彼らが私に声をかけたときも、私はメールを打ちながら、ちゃんと「聞いている」からそのまま話を続けていい、何か答える必要があるときは教えてくれと言うだけだった。

彼らもわかってくれていた——彼らも忙しさに圧倒されていたのだ。ファイルやプリントアウト、付箋紙、スターバックスの空のコップが増殖しているのは、私の机の上だけではなかった。いつもドアが閉まっているのも、私のオフィスだけではなかった。

リーダーシップ・チームの仕事がどんどん増えて、声もかけづらくなったことは、学生にも影響を与えていた。そして、その事実に私はさらに打ちのめされた。リーダーシップ・チームはオフィス全体の雰囲気を決めるのだ。

私たちが周囲と話をしなくなると、学生同士にも会話がなくなった。おまけに、私たちが作った素晴らしいアプリのおかげで、必要なことはすべてスマホでわかり、人と話をするのは最低限で事足りた。

週1回のコーヒータイムもなくなった。理想のオフィスは、オープンした途端に息絶えた。廊下は静まり返り、人が集まるための共有エリアは、ほぼいつも空っぽだった。飲食スペースでランチを取る人もいなくなり、自分のデスクで食べるようになった。

振り返ってみれば、解決策は簡単なことだ。一歩下がって、進行中のプロジェクトをいくつか中止したり、前のやり方に戻したりすればよかったのだろう。しかし、当時の私は気がつかなかった。

解決策を考えることに頭を使う余裕さえなく、脳内のすべてのニューロンは、搭乗する飛行機を間違えていないかどうか確認するのに忙しかった。だから私は……そのまま続けた。たしか物理の法則で、外から余計なことをしない限り、運動しているものは運動を続けるはずだ。

すべてのプロジェクトは、最善の意図に基づいて始まった。夏が大嫌いになる前に、転出シーズンとは別のアプローチで成長と増収の道を探ろうとした。しかし、採用を見直してスチューデント・メイドにふさわしい人を集めたにもかかわらず、おもちゃの銃を振り回していた廊下には、気がつくと「入室禁止」の札が並んでいた。私たちの会社はどうなってしまったのだろうか。

◉崩壊を救ったインターンの提案

アイデンティティの危機から私たちを救ったのは、2人のインターンだ。それはまったくの偶然だった。

彼らはフロリダ大学の学生で、授業の課題として月1回の「リーダーのランチ講義」を提案した。リーダーシップ・チームのメンバーがランチを手に集まり、インターンが選んだスピーカーが、資金管理や効率的な働き方、目標設定などさまざまなテーマで話をする。目的は、自分たちがプロフェッショナルとして成長する過程を実感することだ。

学生が選んだ最初のスピーカーは——。

私だ。自分の会社で講演するのだから、移動の手間もなく好都合ではある。やらなければならないことは山ほどあったが、私は引き受けた。あとは聴衆を2時間飽きさせない工夫が必要だった。

幸い、その点は簡単だった。私はちょうど、バリー・ベーミラー大学で「リーダーとして人の話に耳を傾ける」という研修を受けたばかりだった。バリー・ベーミラーが社内外に研修プログラムを提供しているこの「大学」で、私はFBIや効率的なコミュニケーションを学んできた。今回も研修で学んだことをもとに講義の準備をした。

ランチ講義は手作りのランチから始まった。デスクを2時間留守にすると考えただけで動揺したが、終わるころには週末の合宿の後と同じくらい、力強いエネルギーが会議室に充満していた。

うまくいった理由は自分でもよくわからない。バリー・ベーミラー大学の研修を再編集したコンテンツがよかったのか、リーダーシップ・チームのメンバーが長時間、一堂に会するのは久しぶりだったからか、あるいはその両方かもしれない。いずれにせよ、その日の終わりには、誰もが楽しそうに言葉を交わし……笑っていた。解散する際に、同じような機会がまたあるといいのにと、誰かが言った。私も同じことを考えていた（インターンの2人、お見事！）。

人間関係を維持する努力

第1回のランチ講義の後、オフィスの雰囲気が変わった。私は社外の講演を数日後に控え、自室のドアを開けたまま仕事をしていた。気がつくと、チームのほかのメンバーも全員がドアを開けていた。手助けを求められたときは、やりかけの仕事を済ませてからでいいかと確認するようになった。そうすれば、ほかのことを考えながらではなく、真摯に向き合うことができる。

仕事上の問題はアビーにメールで知らせるのではなく、彼女のオフィスに行って話し合った。チームのメンバーには、貴重な時間を費やしてランチ講義に参加してくれたことに感謝し、彼らと再びつながる機会を持てたことをありがたく思っていると、FBI方式で評価を伝えた。

リーダーシップ・チームのメンバーは、以前のように共有スペースで一緒にランチを食べ、清掃用具を取りに来た学生に声をかけた。学生は仕事が終わった後もオフィスに残り、私と雑談をして、私の最近の講義や旅について質問した。次の講演ツアーに出発するころには、私たちが目指した理想のオフィスに戻った気がした。

いつものように飛行機に乗ったものの、会社を離れたくないとさえ思った。リーダーシップ・チームが再結集して、自分がどれだけ寂しかったのかを痛感した。それまでは会社の急成長の手綱を握ることに必死で、互いに相手のことを考える余裕がなかった。彼らと別れてホテルの部屋に1人でいると、憂うつな気持ちになった。

私が会社を愛しているのは、会社で働く人々を愛しているからなのだ。テクノロジーが発達しても、本物の代わりはできない。レイチェルとサラはペンサコラで、どれだけ疎外感を味わっていることだろう。

いつのまにか、私たちの関係は普通のことだと思うようになっていた。しかし、ランチ講義が証明したとおり、ほんの少しの努力でチームの絆を取り戻せるのだ。わずか2時間で、あれほど大きな変化が生まれた。ランチ講義を定期的に開催したいと思った——いや、定期的に開催しなければならない。チームの人間関係を築いても、それを維持する努力をしなければ意味がない。

絆づくりに投じる時間が年1回の合宿だけでは、うまくいかないだろう。私は少なくとも月に1回はゲインズビルに数日間いるのだから、その機会にオフィスでチーム形成の集まりを開こう。こうして毎月のワークショップが始まり、あらゆることが変わった。

◉月1回のワークショップで

ワークショップでは毎回一つ、リーダーシップ・チームの絆を深めるための行動目標を決めた。そして、2、3日連続で1日6時間、会議室に集合した。レイチェルとサラも予定が合えば車でゲインズビルまで来てもらい、無理なときはテレビ会議で参加した。

週の真ん中に何日も仕事から離れることがどんなに大変かは、私もわかっていた（私が1回目のワークショップを提案したメールを読んで、誤字だと思った人もいた）。しかし、とても重要な試みだった。私はチームが集合する時間を守るために、企業文化を守るときと同じくらい、最大限の努力をした。

ワークショップ中の電話番のためだけに学生を1人雇い、かかってきた電話はすべて伝言を会議室に届けさせた。携帯電話とノートパソコンも、ワークショップに必要なとき以外は電源を切らせた。メンバーはさすがに不満そうだったが、1日に数回、メールを確認して外の状況を把握する時間を設けた。

ワークショップの内容については、資料がそろっていた。私は以前から、他社のエグゼクティブのチームの前で、似たような講演をしてきたのだ（皮肉なことだ。美容師が自分の髪だけはカットしないようなものだ)。

最初の数回は、おもに自己発見を学んだ。まず、オンラインの診断テストを受けて、自分が生まれ持った強みや、外向的か、それとも内向的かなどについて詳しく分析した。

自分のことは自分がよく知っているつもりだったが、診断テストの結果、本人も気づいていなかった才能や振る舞い、クセなどが明らかになった。私を含む数人は、どちらかというと感情的に考えることがわかった。

一方で、論理をより重視して、意思決定に感情をいっさい交えないメンバーもいた。人といることでエネルギーを得る人もいれば(だからこそ、共有スペースでランチを一緒に食べると楽しいのだ)、ずっと他人がそばにいると疲れてしまい、ときどき1人で充電する時間が必要だという人もいた。物事を実行することが苦手な人も、得意な人もいた。順応性が高い人もいれば、変化を拒む人もいた。

ワークショップを通じて、チームは家族になった

自分を理解するほど、他人との関わり方も理解しやすくなった。そして、互いに理解し合うほど、一緒に働きやすくなった。例えば、私はグループでのブレインストーミングが大好きだが、

誰もが同じくらい好きなわけではない。それがわかると、ミーティングの最中に何も発言せず、自分の考えを黙々と書き留めている人がいる理由も納得できた。

そこで、次のブレインストーミングは自由参加とし、欠席する人は私宛てにメールでアイデアを出した。結果的に、集まったアイデアの数はミーティングとメールを合わせて、以前の10倍以上になった。思慮深い内向的なメンバーからは、私がやり方を変えたおかげで、自分にとって最適な方法でアイデアを提供できると感謝された。

チーム全員が、毎月のワークショップが待ち遠しくなった。一度にこれだけ長時間、仕事の連絡を絶つことは、たしかにとてつもなく難しかった。しかし、ストレスを抱え、山積みになった仕事のことを考えながら集まった私たちは、ワークショップを始めて1時間もすると、全員が集中して協調のリズムを取り戻した。

毎月の定例イベントはほかにもあったが、このワークショップが最も重要だった。社交的な意味でも素晴らしい効果があった。回を重ねるうちに、会議室ではなく私の家で開催するようになった。その理由は、チーム合宿をゲインズビル以外の場所で行う理由と同じだ。

オフィスから物理的に離れることによって、たとえ市内にいても、仕事モードのスイッチを切り、私たちだけで過ごすことができる。行動目標を決めて予定を終了した後も、ソファに丸まって近況報告などをすることが増えた。やがて、ワークショップ後のおまけとして、自由参加で手作りディナーと映画鑑賞を楽しむようになった（酔っ払って逆立ちをするより、はるかに危険は少なかった）。

ワークショップではいつも、私たちチームは一つの家族だと感じた。その感覚は、私の母を採用してから、なおさら強くなった。

そう、私の母親だ。

◉母・ボブは、リーダーシップ・チームの一員に

自分の母親がリーダーシップ・チームの中核メンバーになる日が来るとは、夢にも思わなかった。

正式に採用面接をした記憶はない。いわゆる成り行きだった。

会社が成長する過程で、両親はさまざまなかたちで協力してくれた。父からは、言うまでもなく、法律的な助言をもらった（最近はきちんと耳を傾けている）。母は夏の繁忙期に数週間ゲインズビルに来て、人手が足りないところをカバーした。清掃用具を回収に行き、クライアントのアパートメントの鍵を開けて、掃除機をきれいにして、ぞうきんを洗濯して。どんなことでも文句

を言わず引き受けてくれた（まさにママ・オブ・ザ・イヤーだ！）。

私の妹のローレンがニューヨークで就職した後、母は「空の巣症候群」になり（母にはその資格があった）、寂しい時間を埋めるかのように、自宅から車で1時間半かけて私たちのオフィスに来る頻度が増えた。父のことが心配だったからゲインズビルに引っ越すつもりはなかったが、月に数日は私の家に泊まり、オフィスに顔を出した。

そして突然、**母はリーダーシップ・チームの一員になった。ある日、私がオフィスに着くと、全員が母をボブと呼んでいた（本名はモーリーンだ）。どうしたのかと聞くと、母は自分で新しい肩書きを考えたと言った。「ボブ」は、「ボスの中のボス」の略だ**（母は今も自分はボブだと思っている）。

自分の母親がオフィスにいることに慣れるまでには少々時間がかかったが、自分でも意外なくらい、母と一緒に働くことは楽しかった。チームのみんなも楽しそうだった。もちろん、手取り足取り説明しなければならない仕事もあったが（私たちはメモ用紙ではなくメールをやりとりするし、ファクスはそもそも置いていない）、テクノロジーの問題を除けば、彼女にぴったりのポストだった。

本人もそう思っていた。RV車でアメリカ大陸を横断したり、アフリカのサファリに行ったりして、第二の青春を謳歌することに興味はなかった。スチューデント・メイドのよろず屋として働くことが夢だったと、彼女は私たちに言った。

ただし、家族でも特別扱いをするつもりはない。母はリーダーシップ・チームのワークショップにも毎月参加して、メンバーと同じように診断テストを受けた。テストの結果、母は外向的で、業務志向型で、チェックリストに印を付けることが仕事のモチベーションを高めるタイプだとわかった。私と同じだ――私の母親なのだから。母とは18年間、一緒に暮らした。母のことで、私が知らないことはもうないだろうと思っていた。

しかし、それはとんでもない勘違いだった。

◉個人的なストーリーの力を知る

私はダラスでコンテイナー・ストアが主催したカンファレンスに出席していた。私が講演を終えた少し後に、サウスウエスト航空のロバート・ジョーダンが登壇した。彼は、自分のチームの人間関係を完全に変えたというミーティングについて話した。もちろん、私は身を乗り出して聞き入った。

ジョーダンは企画部門のトップに就任したばかりで、十数人の精鋭を集めたチームを率いることになった。それまではミーティングが始まるとすぐに仕事の話に入っていたが、新しいチームは様子が違った。人間関係に問題があり、完全にばらばらで、チームとして働くことさえ難しそうだった。

そこで、あるミーティングの冒頭で、彼はストーリーを語った。とても個人的なストーリーだった。ジョーダンが幼いころ、両親はそれぞれ深刻な精神疾患を抱え、家族を顧みる余裕がほとんどなかった。そのためジョーダンは早くから大人びていて、2人の弟の面倒を見た。責任感を身につけ、自分で行動するようになったのは、そうするしかなかったからだ。

チームのメンバーにそのような話をしたのは、自分がときどき支配的になり、細かく管理したがる理由を明らかにしておきたかったからだ。自己弁護ではない。自分の振る舞いの背景を知ってほしかったのだ。

彼はメンバーが頭を整理する時間をおいてから、1人ずつ、今の自分を形作った子供時代のストーリーを話すように促した。

あるメンバーは、判断を下すのが遅く、意見の相違を調整することが苦手だと思われていた。彼は、ケンカが絶えず、暴力が突然始まるような家庭で育ったため、何が何でも対立を避ける傾向があると打ち明けた。ほかのメンバーも順番に、自分について語った。幸せなストーリーもあれば、悲しいストーリーもあった。ミーティングが終わるころには互いの見方が完全に変わり、チームとしてまとまる力が生まれていた。

私を含めジョーダンの講演を聴いていた人の大半が、自分自身と自分の過去について、そこまで個人的なことをチームと共有しようとする姿勢に圧倒された。彼の率直さに、私はリッチたちとのミーティングを思い出した。私も彼らとのミーティングを機に、かつて経験したことのないかたちでリーダーシップ・チームに自分をさらけ出し、彼らも同じようにさらけ出してほしいと思うようになった。私たちはチームとしてすでにうまく機能していたが、ジョーダンのアプローチは、さらに新しいレベルの理解につながるだろう。

◉私が掃除にとりつかれた理由

講演の後、最初に開いたリーダーシップ・チームのワークショップの冒頭で、私はジョーダンの真似をした。

「私の人生について、みんなに聞いてほしいことがあります」

私はメンバーをぐるりと見回した。みんなが怪訝そうな表情で私を見ている。ワークショップがこんなふうに始まるとは、間違いなく誰も予想していなかった。

「私は……ええと、私が……私が……」。思っていたより難しかった。自分の声が震えていることに気がつかないふりをした。最後まで続けられるだろうか。

私は深呼吸をして、自分のストーリーを語り始めた。

小学生のころ、父が地方検事を辞職した。サステナビリティの推進や、歴史や環境の保護活動に携わっていることを、新しく選任された役職者の一部が快く思わず、辞職を強いられたのだ。父が直面した試練は世間で話題になり、10歳の子供には永遠と思えるような報道が続いた。何が起きているのか、私にはよくわからなかったが、父と対立する人々の行動がアンフェアであることは理解できた。

父は弁護士として独立する一方で、政府機関や市民団体と共にこれらの社会問題にも引き続き取り組んだ。多忙を極め、自分の事務所を構えるまでは大量のファイルを自宅に持ち帰った。調査書や企画書が詰まった箱が、私の寝室の壁沿いに積み上げられた。家の中で余分なスペースがあるのは私の寝室くらいだった。私は書類の箱と同居するのが嫌でたまらず、大きな白いシーツをかぶせて見えないようにした。

父が忙しくなればなるほど、箱や法律文書がうず高く積み上げられ、私の寝室以外の部屋も侵食した。父もそんな所に置きたくはなかったが、しばらくはほかに場所がなかった。自宅が散らかることと、父の仕事をめぐる大きな変化は、母にとって大きな負担となった。とても悲しそうに見える日もあった。家の中は収拾がつかなくなった。

今思えば、母は私たちの日々の暮らしに対しても、なすすべがないと感じていたのだろう。そこで私は掃除を始めた。毎日欠かさず、学校から帰宅すると家中をきれいに磨き上げ、ほとんど取りつかれたように整理整頓をした。箱やファイルが母の目に入らなくなれば、また元気になってくれるのではないかと思って。

父が事務所を構えた後はすべてが丸く収まったが、私は散らかった場所を整理整頓しないと気が済まなくなった。ジーンズを買いたいときに、最初に思いついたのが掃除だったのも、それが理由だろう。

最後に私は言った。「あのときの経験が自分にどのような影響を与えたか、人に話をするのは初めてです」。ボブにも話したことはなかった。

続けて、私は静まり返った出席者に質問した。「誰か、自分の人生について話をしたい人はいる？」

突然、全員が私から目をそらした。私以外のあらゆるものに興味をそそられているかのようだった。彼らが気まずさを感じているのはわかっていたが、それこそが私のねらいだった。

ボブのストーリー

「話したいことがあります」とボブが言った。いつだってボブは頼りになる。母は私の知っている話をするのだろうと思っていたが、意外すぎるストーリーが始まった。

「私が13歳か14歳だったころ、家族で外食に行きました。うちはあまり裕福ではなく、私たちは5人きょうだいだったから、特別なお出かけでした。父は本当に真面目に働いていたけれど、家計は厳しかったのです。私も助けになりたくて、働ける年齢になってからはアルバイト代を両親に渡していました」

私はびっくりした。アルバイト代を両親に渡していたの？　子供のころは生活が苦しかったことは知っていたが、その話は聞いたことがなかった。

「私たちは慎重に店を選び、『上品で清潔な店内、抜群の料理』という触れ込みのところに決めました。ところが、いざ行ってみると違ったのです。当時としては高価な料理にお金を払う父を見て、私は憤慨しました。父が苦労して稼いだお金を、レストランがだまし取っていると思ったのです。私は父に、返金してもらうべきだと言いました。すると、父はレシートを私に差し出し、会社に手紙を書いてもいいと言いました」

「家に帰るとすぐ、私はレストランの会社に怒りの手紙を書き、不公平だと思った理由を訴えました。驚いたことに、数週間後に謝罪の手紙が届いて、全額返金されたのです。不公平なことがあったときは、声を上げれば良い方向につながると、私はそのとき初めて知りました。誰かのために立ち上がって戦ったことも、私にとって初めての経験でした。そして、また同じように戦おうと思ったのです」

初めて聞く母の話に呆然としたが、腑に落ちる部分も多かった。ボブが私たちと働き始めてからというもの、未払い金を回収する腕前（と情熱）に私は感動していた。誰かが請求金額を払わないと言い出したり、不良品を買わされた店が返金を拒んだりすると、ボブは普段とは違う顔を見せた。

彼女には、相手を支払う気にさせる魔法の力があった。その力を発揮するのは、会社のためだけではない。私たちのチームのメンバーが経済的な不利益を被ったときも、彼女は味方になった。例えば、入居していたアパートメントの敷金を返してもらえなかった学生は、ボブの手助けで取り戻すことができた。いつも彼女は誰かを助けていた。彼女にしてみれば当然の行動だったのだ。

ストーリーが人間関係を変える

母の話が終わると、私は罪悪感に襲われた。高校生のころ、私と母はよく衝突した。その大部分は10代らしい不機嫌さゆえだったが、お金にまつわる問題もあった。私が16歳になると、自分の車に自分のお金でガソリンを入れているのに、母から口出しをされた。1ガロン当たり2セント安いから、街の外れのガソリンスタンドまで行きなさい、という具合だった。生意気なティーンエイジャーだった私は母と口論になり、娘を支配するのはやめてと言い返した。

スーパーに行けば、長い列が伸びているレジで、財布の底から20セント分のクーポン券を引っ張り出す母が、妹と私は恥ずかしくてたまらなかった。私たちは母をからかったが、母が一緒に笑うことはなかった。

ワークショップの席で母を見つめながら、そんな過去を知っていれば、ガソリンをめぐる口論は起きなかったか、少なくとも怒りは和らいでいただろうと思った。妹と2人で母をからかったことが申し訳なくなった。クーポンを大切にする行為は、質素な暮らしで必要に迫られて身についた習慣だったのだ。

この日、**会議室で母について知ったことは、私と母の関係を変えた。お金をめぐって口論することは二度となくなった。私の前にいる母は、私の知っていた母ではない。彼女が人生で経験してきたことを知り、人を助ける姿を目の当たりにした今は、母が以前とはまるで違う人に見えた。**

ボブは私にとって、世界で誰よりも大好きな人だ。最高の従業員だ。母としてだけでなく、彼女のような女性と知り合えたことに感謝しているが、そのことにスチューデント・メイドで気がつかされるとは思ってもみなかった。ワークショップを境に違う人のように見えたのは、ボブだけではない。リーダーシップ・チームのメンバー一人ひとりについても、私はさまざまなことを知った。

◉自分の弱さを恐れないリーダー

ボブに続いて自分のストーリーを語ったメンバーは、軍人の家庭で育ち、1年のうち半年は父親が不在だった。その間は母親が家族のリーダーとなり、そのたくましい姿が、リーダーとはこうあるべきだという彼女の考え方を形成した。現在の自分が思うリーダーシップ像は母親を手本にしているが、そのせいで無意識のうちに人の感情を損ねるときがあるかもしれないと、彼女は言った。

別のメンバーは、姉として弟のお手本になることを期待され、いつもルールを守ってきたが、自分の意見を言ってはいけないと感じていた。彼女は今も、率直にものを言うことが苦手だった。

最後に話をしたメンバーは、子供のころは引っ越しが多く、人やものに固執しすぎない習性が身について、だから順応性が高いのだろうと言った。そんな自分を、孤立しているとか、他人のことを考えないと誤解する人もいるかもしれない、と。

私にとって、大量の箱と書類の話をチームに打ち明けることは、知らない人ばかり数千人の聴衆に向かって語りかけることより難しかった。子供時代の重たい感情を掘り返すことは、口で言うよりはるかに勇気が必要だ。しかし、私が話をしたことによって、母が自分のストーリーを「安心して」語ることができ、ほかのメンバーも後に続きやすくなった。

そのとき私は、**リーダーとしての自分の仕事は、周囲を支えることだけではないと理解した。弱さを恐れないことも、リーダーの役割なのだ。メンバーに自分をさらけ出してほしいなら、私自身がさらけ出さなければならない。**

このワークショップを機に、私は自分の人生について、チームに話をするように心がけた。過去のことだけではない。私の日常で起きていることや、不安、苦悩、慢性的な睡眠不足についても話をした。

あるとき、私はワークショップで取り乱してしまった。その1カ月は普段の2倍近い数の講演をこなし、片づけなければならない仕事が山積みで、胸に痛みを覚えていた。いつもの私なら、会社では愚痴をこぼさずに強いリーダーとして振る舞えと、自分に言い聞かせただろう。

しかしそのときは、チームの前で、親友と話しているかのように泣き崩れた。あるメンバーが私の肩に手を置き、何も心配しなくていいから、自分たちはあなたを助けるためにここにいるのだから、と言った。あのときのことは決して忘れない。

私が間違ったことをしているとか、恥ずかしいことをしているという目で見る人は誰もいなかった。私のリーダーとしての能力を疑う人もいなかった。それどころか、自分たちに何ができるだろうかと聞いてくれたのだ。その日のワークショップは、私の仕事をできるだけ多く、みんなで分担する方法を話し合った。結び付きが強く、思いやりあふれるチームに、私は心から感謝した。リーダーも、ときには支えられる必要がある。

感情や心配や苦難を自宅に置いて、仕事をすることはできない

私たちチームのような交流は感傷的すぎて、私の率直さはやり過ぎだと思う人もいる。私が弱さをさらけ出すことや、スチューデント・メイドで実践している人間関係のワークショップの話をすると、少なくとも1人か2人は目を丸くする。「その手の泣き言は職場にふさわしくない」「ヒッピーのなれの果てみたいだ」などと言う人もいる。

ある講演で、男性が皮肉たっぷりに質問した。「誰かの犬が死んだら、私はうずくまって一緒に泣くべきでしょうか?」

当たり前でしょう、冷酷なモンスターじゃあるまいし。

できることなら、そう答えたかった。もっとも、実際には、自分をさらけ出して職場で共感を高めることは、誰かと一緒に泣くことではないと説明した。人々がどのような経験をしているかを理解することによって、より良い関係を築き、共に働けるのだ。

隣に座っている人に「最近はどう？」と声をかけるだけで、大きな違いが生まれる。もしかしたら、離婚協議の真っ最中かもしれない。大切な人がガンと診断されたばかりかもしれない。つらい喪失感に苦しんでいるかもしれない。あるいは、あらゆることが悪い方向に転がる1週間を過ごしているかもしれない。

感情や心配や苦難を自宅の玄関にいったん置いて、仕事から帰ったらまた背負うという考え方は不自然だ。ずっと引きずって歩くものだ。そして、何か気になることがあると、集中できず、動揺して、仕事をする気もそがれるだろう。

プライベートで起きていることを把握して、仕事中の精神状態に気を配るのは、その人を支援するためだけでなく、リーダーとして組織を円滑に運営するために必要なことだ。状況がわかれば、私のチームが私にしてくれたように、苦しんでいる人の仕事を分担して、チームとして遂行することもできる。何が起きているのかがわからなければ、助けることもできず、仕事は中途半端になり、誰も喜ばない。

◉思いやりを仕事に持ち込む

私たちリーダーシップ・チームは全員が、メンバーのために、学生のために、時間とエネルギーを投資することの意味を理解している。

最近は、オフィスで学生を見かけたときは、仕事の手を休めて雑談をするように心がけている。学生にはシフトの前後に15分間ずつ、オフィスで人間関係を構築する時間として給料を払っている。リーダーシップ・チームのメンバーがいないときは、同僚と親交を温める時間になる。

学生は自分の車に清掃用具を保管することもでき、シフトのパートナーとは駐車場で合流して、オフィスの中に入ることがめったにないという時期もあった。しかし、チームの絆を深めるためには、絆を育む時間を意識してつくる必要がある。シフトのたびに30分間、余計に給料を払うことは、私たちの会社にとって高いコストだが、賢いお金の使い方だ。

人間関係をどのように築けばいいか、学生が知っているとは限らない。そこで、FBIを学ぶ研修では、仕事の内外で人と結び付くツールを教えている。リーダーシップ・チームと同じ性格診断テストも行い、自分自身をより理解して、人と関係を築く方法を学ぶために役立てている。

この研修では、どんなことでも重要な話を伝える際に、携帯やパソコンのメールは最も望ましくない手段であることも教えている。バリー・ベーミラーの研修によると、私たちが話す言葉で構成されるコミュニケーションは、全体の10％にすぎない。残りの90％はボディランゲージや、うなずいたり、相手の目を見て微笑んだりなど、言葉ではない手がかりを通して行われる（この90％に絵文字は含まれない）。

スカイプやフェイスタイムなど、バーチャルで顔と顔を合わせて行う会話も、ボディランゲージがないため、うまく伝わりにくい。テレビ電話（ビデオチャット）はメールや通話だけの電話より好ましいが、**コミュニケーションを確実に成立させる方法は、やはり直接会ってやりとりをすることだ。**

スチューデント・メイドには、携帯とパソコンのメールは、「クライアントの家で待ち合わせる時間は？」「オーブン用の洗剤を持ってきて」など、急ぎの確認のみに使うという暗黙のルールがある。ＦＢＩなど重要なことは顔を見て伝えなければならない。

私は現在、理想のスペースになった本社オフィスには自分の部屋を持たず、市内より市外にいる時間のほうが長い。それでも本社にいるときはノートパソコンを使って共有スペースで仕事をするので、通りかかる学生と会話ができる。

私は学生と目が合うと、共感を示しながら、彼らが最近、楽しかったことや悲しかったことについて話を聞く。彼らが必要としているときは手助けをする。たとえ30秒のやりとりでも変化が生まれ、かけがえのない時間だと感じる人もいるだろう。

ある学生はスチューデント・メイドに入って最初の週に、私が仕事の手を止めて彼のそばに行き、挨拶したことを、ずっと覚えていた。彼は何年も経ってから、そのときのことを感謝していると私に言った。

リーダーシップ・チームが思いやりを仕事に持ち込めば、従業員も後に続くのだ。

◉ミーガンとミズ・バイロンの奇跡

今から数年前、1本の電話がかかってきた。高齢の母親——ミズ・バイロン——のために清掃サービスを探しているが、年を取ってかなり気難しくなっており、物怖じしない人でなければ無理だろうと、その男性は説明した。

まさにうってつけの学生がいた。ミーガンだ。とびきり陽気で、社交的で、思いやりにあふれている。小学校の教師を目指していて、数年前からスチューデント・メイドで働いていた。彼女が現れるとどんな部屋もパッと明るくなり、彼女のそばにいて笑顔にならない人はいなかった。

ミーガンは月1回ほどのペースで、ミズ・バイロンの家を掃除した。学生が1人で現場に出ることは例外だったが、息子によると、ミズ・バイロンは一度に2人以上の他人が自宅に入ることに我慢できず、ミーガンは1人で大丈夫だと言った。まもなくミズ・バイロンの息子から、清掃の頻度を増やしてほしいと依頼があった。

ミーガンのやることがすべて、良い方向に働いていた。家がピカピカになるだけでなく、ミズ・バイロンの気持ちが明るくなり、息子もミーガンの来る日が楽しみになっていた。

清掃は2週間に1回に増えて、週1回になった。ミズ・バイロンはミーガンが大好きになり、2人の関係は双方向で深まった。ミーガンはミズ・バイロンの家に行く日が待ち遠しくなって、毎回、彼女の人生について話を聞いた。年齢はかなり離れていたが、ミーガンとミズ・バイロンは親しい友情を育んだ。

ミーガンが通い始めて約1年が経ったころ、ミズ・バイロンの体調が急に悪化した。ホスピスに入ることになったので清掃サービスは解約したいと、連絡があった。ミーガンに事情を知らせると、彼女はひどく落ち込んだ。

数日後、アビーが夜遅くまで残業していたときに電話が鳴った。ミズ・バイロンの息子からだった。

「信じられない話なのですが、死が目前に迫った母に、今すぐかなえてほしい願いはあるかと聞いたら、ミーガンに会いたいと言うのです」

「今すぐ、ミーガンに？」

そうです、と彼は言った。それがミズ・バイロンのたった一つの願いだ、と。

残念ながら、ミーガンは臨終に間に合わなかった。彼女は打ちひしがれた。ミズ・バイロンは彼女にとって、とても大切な存在になっていた。しかし、ミズ・バイロンにとって自分がどんな存在だったのか、ミーガンにはわからなかった。

するとミズ・バイロンの息子が、母がこれほど誰かと親しくなったのは初めてだと言った。そして、遺品の片づけを手伝ってほしい、誰も知らないミズ・バイロンの話を教えてくれないかと頼んだ。家族はミーガンに、ミズ・バイロンのお気に入りだった東洋風のラグを形見分けした。彼女はそのラグを今も大切にして、2人の特別な絆に思いを馳せている。

講演でミーガンの話をするたびに、私は胸が詰まる。人生の最期の瞬間に、清掃サービスのスタッフに、そばにいてほしいと頼む。これこそ、人間関係を育むことがもたらす力だ。互いに自分をさらけ出し、感情レベルで支え合いながら築く絆だ。仕事に感情を持ち込んでもかまわない環境を作ると、このようなことも起きる。

ビア樽を抱えて逆立ちする人の脚を持つことも、信頼の証だろう。しかし、他人に対する警戒を解いて、自分が苦しんでいることを認めることは、はるかに深くて意義深い信頼を築く。前者は二日酔いになる。そして後者は、自分は受け入れられている、支えられているという感覚をもたらす。

人を結び付けて強い絆を築くとき、絆に包まれた人々は思いやりを感じる。家族のようなものだ。この変化は波及効果をもたらし、思いやりを感じた人は、次はほかの人を思いやる。ミーガンとミズ・バイロンのように。

［第5章の失敗から学んだこと］

▼私と仕事を好きになってもらおうと学生と大騒ぎをするのはバカげているが、やめようと決めると不安になった。

▼定期的な合宿は、ビジネスパートナーやリーダーシップ・チームの絆を深め、支え合えるようになった。

▼私は学生とも社外で1対1で話すことにした。そこで彼らのプライベートを知るにつれ、距離は縮まった。そして、彼らの何人かは卒業しても、私やアビーと働いてくれると言った。私たちのリーダーシップ・チームができた。

▼人間関係を維持する努力を怠ってはならない。

▼支店の開設、ソフトウエア開発と私の講演活動、そして増え続ける仕事と学生……。成長

に次ぐ成長でリーダーシップ・チームも私も疲弊し、みなが孤立し始めた。崩壊寸前の会社を救ったのは、月1回の社内ワークショップだった。

▼月1回のワークショップはリーダーシップ・チーム全員が集まる最優先事項。ワークショップを通じて、チームは家族になった。

▼ワークショップで私の人生に影響を与えたストーリーを話した。リーダーシップ・チームに加わった母・ボブ、チームメンバーが続いた。個人的なストーリーを共有すると、チームに思いやりがあふれる。

▼プライベートで起きていることを把握して、仕事中の精神状態に気を配るのは、その人を支援するためだけでなく、リーダーとして組織を円滑に運営するために必要なことだ

▼コミュニケーションを確実に成立させる方法はやはり直接、会ってやりとりをすることだ。私はオフィスでは、共有スペースで仕事をし、通りかかる学生と話すようになった。

▼人を結び付けて強い絆を築くとき、絆に包まれた人々は思いやりを感じる。思いやりを感じた人は、次はほかの人を思いやる。

第6章

私たちが立っている 1本のライン

◉ジョシュとの突然の別れ

その電話がかかってきたときのことは、今も覚えている。

待ち望んでいた休暇が始まって、ミシガンに着いたばかりだった。日曜日のディナーの準備は完璧で、私は久しぶりに会う友人たちとテーブルを囲んでいた。いざ食べ始めたとき、隣の部屋で私の携帯電話が鳴った。最初は無視して近況報告を続けたが、再び電話が鳴った。そしてもう一度。

緊急事態かもしれないと不安になり、中座して確認しに行った。携帯の画面に意外な名前が表示されていた。サムだ。サムはジョシュの音楽ストリーミング配信事業のパートナーだった。ジョシュと私がソフトウエア事業を始めて以来、サムとも親しくしていたが、日曜日の夜に電話がかかってくるほど親しくはなかった。

私は通話ボタンを押した。「もしもし、サム。どうしたの？」

「クリステン」。彼の声は震えていた。「ジョシュが死んだ」

私は心臓が締めつけられた。

「えっ……何？」

サムは泣きじゃくるばかりで、言葉にならなかった。つまり、私の聞き間違いではないということだ。

頭がくらくらした。部屋が私の周りをぐるぐる回っているかのようだった。なんとか近くのソファまで行き、腰を下ろした。ありえない。ジョシュはまだ28歳だ。健康で、いつも元気いっぱいで。数日前に会ったばかりじゃない。

「サム……何があったの？」

とりあえずわかっているのは、ジョシュが就寝中に死んだということだけだった。私たちは電話越しに慰め合った。彼は、リッチをはじめ、私たちのグループのメンバーには私が知らせるかと聞いた。グループのことはサムもよく知っていた。月1回のミーティングはすでに4年以上、続いていた。

電話を切った後も、私はソファで呆然としていた。これからしなければならない会話が、怖くてたまらなかった。

私はリッチと、さらにグループの全員に電話をかけた。ジョシュと私が契約しているソフトウエアの開発業者にも連絡を取り、アビーにはリーダーシップ・チームのメンバーに知らせてほしいと頼んだ。

ジョシュと共に生きる

ジョシュはアプリ開発のために私たちのオフィスで過ごす時間が長く、今やスチューデント・メイド・ファミリーの名誉会員だった。予想どおり、つらすぎる電話が続いた。耐え難い知らせを伝えて回る役は、とてつもなく苦しかった。衝撃、悲しみ、信じられないという驚き。同じ反応を何回も受け止めなければならなかった。

ダイニングルームを出てからまだ1時間だったが、何日も過ぎたような気がした。友人たちに事情を説明すると、彼らは私を抱き締めてお悔やみの言葉をかけた。私は急いで荷造りをした。いちばん早いフライトでゲインズビルに戻ることしか考えられなかった。

翌朝、空港に到着した私は、リーダーシップ・チームのメンバーが待つオフィスに直行した。駐車場を走っているとき、地元の新聞社から電話がかかってきた。ジョシュの急死についてコメントが欲しいと言う。

そのとき突然、彼の死が現実になった。私は歩道に立ちつくし、目に涙をためて、ジョシュの家族と彼の会社の従業員への思いを記者に話した。ジョシュは、彼のようなリーダーがいてくれて幸運だと、誰もが思うような人だった。精神的にタフで、勇敢で、思いやりと寛容と謙虚さにあふれていた。

電話を切ると、悲しみが押し寄せてきた。泣いて、泣いて、泣き続け、息ができなくなるかと思った。私はあたりを見回した。ほんの数週間前、ジョシュはここにいた。この駐車場に車を止めて、この歩道を歩いていた。

ジョシュの葬儀までの数日間は、暗黒に閉ざされていた。リッチは、こういうときこそミーティングを開き、共に悲しみを乗り越えようと考えた。私たちはそれぞれ、ジョシュが自分にどのくらい大きな影響を与えているかを語った。ジョシュがいつも座っていた椅子が、空っぽではないかのようなふりをして。

ジョシュがどうして死んだのか、詳しいことは今もわからない。死んだという事実があるだけだ。それでも私は、ジョシュの一部が私の中に、そして彼を知るすべての人の中に、生き続けるのだと思うと安心する。ジョシュがこの世で過ごした時間は長くなかったが、間違いなく有意義な日々を生きた。

私も同じように生きると、ジョシュに誓った。

◉さまざまな別れの違いを学ぶ

幸いなことに、すべての別れが、ジョシュの死のように悲劇的で突然というわけではない。胸が締めつけられる別れもあるが、違う種類の別れもある。ほろ苦い別れ。祝福の別れ。予感していた別れ、自分が前を向く前に突きつけられる別れ。

どんな別れも、私はうまくできた試しがない。スチューデント・メイドで経験する別れは特にそうだ。しかし、ジョシュの死を機に、さよならを言いたくなくても言わなければならないときがあるのだと、いつも自分に言い聞かせている。

もちろん、友人の死とチームメイトの旅立ちは大きく異なる。相手が去ることを止めようがない別れと、別れが正しい選択だからこそ見送る別れ。相手に伝えられなかった言葉がある別れと、できることはすべてやったと思える別れ。自分の過ちではない別れと、自分の過ちゆえの別れ。

どのような人間関係も、終わりを迎えるときは不安になる。そして、本当に終わった後は傷つくものだ。しかし、多くの別れを経験するうちに、可能なかぎりその手を握り締めておくべき人と、手を離すべき人の違いがわかるようになる。

私もその違いを学んだ。

◉ケイラの場合

ケイラは、スチューデント・メイドにとって数回目の転出シーズンに臨時で採用した。当時の管理部門はアビーと私だけで、リーダーシップ・チームを作るという発想さえなかった。

私がケイラに会ったのは、あるアパートメントで清掃の担当表を配っていたときだ。管理人から部屋を追加したいと言われ、悪臭が漂う悲惨な現場の説明を聞きながら、ありがたいけれどお断りしますと言おうとした。しかし、私が返事をする前に、後ろから誰かの声がした。

「私がやります」

え……？　振り向くと彼女がいた。明るいブラウンの髪、緑色の瞳、周囲を引き込む笑顔。あの瞬間を、私は決して忘れないだろう。彼女はケイラと名乗った。

ケイラは働き始めて3日目だと自己紹介した。私は彼女に、本当はやりたくないのなら断っていいと言った。しかし、彼女が大丈夫だと言い張るので、一緒に問題の部屋を見に行った。自分の目で見れば撤回するだろう。

玄関を開けた途端に、私は吐きそうになった。足を踏み入れることさえできなかった。

しかし、ケイラはすぐ中に入り、あたりを見回して、窓から私に向かって親指を立てた。

「本気なの？」私はTシャツで鼻を覆ったまま叫んだ。おぞましい悪臭から一刻も早く逃げたかった。部屋の外にいる私が、そう思ったのだ。

ケイラは再び親指を立てた。しかも笑っていた。

あのすさまじい部屋の後も、ケイラは何回も進んで清掃を引き受けた。一度も不満を言わず、一度も投げ出さなかった。彼女が掃除をしたところはすべて、ちりひとつなかった。彼女のような掃除の達人に、私はいまだに会ったことがない。

夏が終わったとき、臨時ではなく通年のメンバーとして働いてほしいとケイラを誘ったことは、言うまでもない。彼女は喜んで私たちのチームに加わり、すぐにクライアントのお気に入りになった。ケイラの指名は誰よりも多くなり、彼女の超人的な清掃を経験した人々は、知り合いにスチューデント・メイドを勧めた。

清掃の才能あふれるケイラの欠点

ただし、清掃の才能にあふれるケイラにも欠点があった（私たちは誰でも欠点がある）。特に、彼女はどうしても時間を守れなかった。最初は2、3分の遅刻だったが、やがて10分になり、20分になった。

寝過ごしたときや遅れそうなときは、必ず連絡をよこして盛大に謝罪した。こんなつもりではなかったと言い、出勤した後は担当の仕事をすべてこなした。私は彼女をシット・サンドイッチでもてなし（まだFBIは採用していなかった）、次こそはきちんとしてほしいと話をした。

クライアントは柔軟に対応してくれた。ケイラが来るとわかっているときは、特に寛容だった。彼女には素晴らしい資質がいろいろあったから、私も遅刻は大した問題ではないと思っていた。そして、彼女はもっと深刻な悩みを抱えていた。

ケイラは私と1対1のコーヒータイムの際に、自分でも記憶にないくらい厳しい状況に立たされていると、打ち明けた。彼女は機能不全の家庭で育った。薬物を乱用する家族がいて、精神的にも肉体的にも虐待を受けた。私は話を聞いているだけで胸が痛んだ。

自分の人生を自分で切り開こうと決意したケイラは、お金を貯めて実家を出た。コミュニティカレッジに入学し、できるだけ多く単位を履修した。

しかし、**実家を離れて自立した後も、有毒な家庭環境に苦しめられた。支援制度もほとんど利用できないケイラが、いずれ学校を辞めて家族の支配下に戻ってしまうのではないかと、私は心配になった。そして衝動的に、彼女を守りたいと思った。**

私は彼女にリーダーシップの本を渡し、カレッジの授業にも必ず出席するように励ました。私が彼女に費やした時間は、変化をもたらしているように思えた。自分の人生にスチューデント・

メイドがなかったら、どうなっていたかわからないと、彼女は繰り返し私に言った。だから私は、スチューデント・メイドを、彼女の人生に関わらせようと決めた。それは彼女の欠点に目をつぶるという意味でもあった。

◉かけがえのないビジネスパートナー、アビーとの対立

ただし、アビーは納得しなかった。

アビーもケイラを気にかけていて、彼女の境遇に同情していたが、個人的な困難だけを理由に遅刻を見逃し続けることはできないと、譲らなかった。時間を守ることは、チームのメンバーとしての責任だ。

仕事以外で苦労していても、努力して時間を守っている学生はほかにたくさんいる。ケイラが遅刻するたびにパートナーが穴埋めをしなければならず、彼らにとって不公平だ。アビーはそう主張した。

しかも、私が何回注意しても、遅刻は減らなかった。アビーは、どこかで線を引かなければならないと感じていた。ケイラをチームに残すことは、ほかの学生に対して悪い前例を作ることに

なり、遅刻ばかりでも働き続けられるというメッセージを全員に送ることになる。

アビーはケイラを辞めさせたかった。私はケイラを守りたかった。

アビーと2人の合宿で絆を深めていなかったら、この問題を乗り越えることができたかどうか、今も自信がない。ケイラが遅刻をするたびに、私は彼女をチームに残すと主張し、アビーと口論になった。話の途中で電話を切り、あるいは沈黙が続くときもあった。

私はアビーに、パートナーとしてあらゆることを一緒にやろうと約束していた。つまり、重要な決断は2人で下し、彼女の意見も私の意見と同じくらい尊重するということだ。

一方で、私は会社のすべての人を支え、大切にして、信頼し、彼らのために戦うと誓っていた。いつどんなときも、何が起ころうとも。ケイラに対しても、その誓いを果たすつもりだった。アビーが彼女と同じ立場になれば、同じようにするつもりだった。

ケイラを守ろうとすればするほど、アビーと2人で築いてきた人間関係を失うかもしれないという不安が募った。しかし、平穏を保つためにケイラを辞めさせれば、私の良心に恥じない生き方ではなくなる。

物語の世界なら、ここで誰かがマントを翻して登場し、ピンチを助けてくれる。

鳥だ！

飛行機だ！

マーティ・シャッフェルだ！

◉ソウルメイトからの助言

マーティは私のビジネスのソウルメイトだ。

マーティに会ったのは、地元で開催されたスタートアップのコンテストだった。参加者はチームを組み、3日間でゼロから会社を立ち上げるという課題に挑んだ。各チームは審査員の前で新しいビジネスを売り込み、フィードバックを受けて、うまくいけば出資を得られる。私は最終日にボランティアとして加わり、参加チームのプレゼンの準備を手伝った。マーティは審査員を務めていた。

彼が1979年に立ち上げたAV（オーディオビジュアル）企業は今や2000人以上の従業員を擁し、年商は7億5000万ドルに達する。ビジネスの知識や経験が豊富なことは言うまでもない。

私があるグループと作業をしていたとき、マーティがやって来て自己紹介をした。リッチのときと同じように、マーティと私はすぐに心が通じた。会ってすぐに聞かれた質問は、今もよく覚えている。「リーダーシップ」について、自分なりの定義を持っているか？　私はまだ学んでいる最中だと答えたが、彼の定義に興味をそそられた。

マーティによれば、マネジャーとリーダーには大きな違いがある。マネジャーは指示を出すが、当事者意識は薄い。一方でリーダーは、「自分がやってほしいことを従業員にさせつつ、どうすれば彼らが楽しんでやれるかを考える」（マーティのおかげで、私は定義を考える手間が省けた。彼の定義をそのまま使わせてもらおう）。

そこから数時間、私たちは企業文化について議論を交わした。そしてマーティから、一緒にコンテストの審査員席に座ろうと誘われた。以来、彼は私の大切なメンターになった。

互いをよく知るうちに、私たちは考え方が驚くほど似ていることがわかった。例えば、経営者が従業員を気にかけることについて、私たちは同じ見解を持っていた。自分の会社で働く人々のエンゲージメントを高めることも、よく話し合った。

マーティが冗談交じりに突飛なシチュエーションを提案して（彼自身の経験に基づくものが多い）、私ならどうするかと質問するときもある。例えば、「私立学校の生徒が、校内でマリファナを吸ったと自分から申し出たら、退学にするか？」もちろん、私は退学にしない。生徒は正直に打ち明けた。それこそ私が望んでいる振る舞いだ。

それを聞いて、マーティはニヤリと笑った。「僕が言おうとしたことを、先に言われてしまったよ」

マーティはゲインズビルから車で2時間ほどの所に住んでいるので、私が近くに行くときは、時間を作って彼と家族を訪ねる。あるとき、彼の自宅のプールサイドでワインを飲みながら、いつもとは逆に、私からシチュエーションを提案した。

当時、私はケイラのことで頭を悩ませていた。数カ月前から状況は改善していなかった。むしろ悪くなっていた。遅刻がさらに増えて、彼女をチームに残すかどうかをめぐり、アビーと私は真っ向から対立していた。

ケイラの長所は短所に勝る?

「あなたならどうする?」と私は聞いた。彼はしばらく黙って、私が立たされている苦境について考えた。

「僕もそういう状況だった。難しい立場だね」

マーティの会社でも、数年前に似たような問題が起きた。シナリオは違うが、同じジレンマだ。彼の会社のケイラは、ピートという男性だった。

「ピートは営業部員で、かなり遠方の担当地域を車で回っていた。あるとき、彼は経費の精算をごまかした。僕が気づいたのは1カ月後で、本当に驚いた。まさかピートがそんなことをするなんて。彼に証拠を突きつけながら、僕がどんなに打ちのめされ、失望しているかと話した。その場で解雇を言い渡したとき、僕は涙があふれてきた。

ピートはひたすら謝罪して、もう一度チャンスが欲しいと懇願した。社内の誰もが、その余地はないと思っていた。解雇しかありえない。例外は許されない。それでも僕は、今回は事情が違うのではないかと思った。ピートは個人的に厳しい状況にあり、経済的に苦しくて、そのようなことをしてしまったのだ。本当は善良な人間で、いつも会社のためを考えていると、僕は知っている。だから一度だけチャンスを与えることにした。

正真正銘、最後のチャンスだ。社内の全員が反対したが、その後、ピートは素晴らしい実績を収めた。二度と僕の信頼を裏切らなかった」

マーティは自分が正しいと思うことをした。周りの誰もが反対したが、結果として、ピートのためにも会社のためにもなった。ケイラの件も同じだったが、そのせいでアビーとの関係に緊張が生じていた。私は自分が間違ったことをしているかもしれないと、思わずにいられなかった。

「質問したいことがある」とマーティが言った。「ケイラの長所は短所に勝る?」

「もちろん」。私は即答した。「間違いない」

たしかに間違いなかった。ケイラの清掃は一流で、会社を大切に思っていた。心根はいい人なのだ。遅刻しても自分の責任だと認め、穴埋めのために追加のシフトを引き受けた。

「それなら答えは簡単だ。彼女を手放してはいけない」

私は安堵のため息をついた。

マーティが感じていたとおり、ケイラは私にとって、本当に特別な存在だった。アビーとの関係を犠牲にしてでも、彼女を守りたかった。**マーティはさらに、ケイラの長所が短所に勝るなら、彼女のために戦うことは正しい行いだと賛同した。**

ただし、今後も遅刻が続けば、問題はさらに大きくなって、最後にはアビーと私の関係が修復できないほど傷つくかもしれない。そのときはスチューデント・メイドの企業文化も傷つく可能性が高いだろうと、彼は警告した。

ケイラが時間を守る習慣を身につけられるように、私が手助けしなければならないとも彼は言った。それができれば、問題は解決する。できなくても、問題は解決する。

「君が全力で支えても彼女の振る舞いが変わらなければ、短所が長所を上回ることになる。そのときは辞めさせるべきだ。少なくとも彼女を助けるために努力したという事実は、君の中に残る。そして、彼女の中にも残るだろう」

今こそ私が、ケイラを助けるのだ。

◉30日間のモーニングコール

ケイラの遅刻グセを治すためにどんなことができるか、コンテストの合間をぬってマーティと意見を出し合った。私がゲインズビルに帰るころには、素晴らしい計画ができあがった。

翌朝、出社した私は真っ先にアビーに報告した。これから30日間、**ケイラはシフトに入る1時間前に私に連絡して、仕事に行く準備をしていることを伝える。連絡が来なければ私から電話をかけ、起きているかどうか確認する（もしもの場合は、私が彼女のアパートメントに行って、ベッドから引きずり出す）**。私が調べたところ、ケイラの悪習慣を断つには30日間で十分そうだった。

「その後は、今学期中に1回でも遅刻したら……、彼女は……彼女は……」

続きは私が言わなければならなかった。

「彼女はクビにする」。恐ろしい最後通告の響きだった。そうなってほしくないと、私はあらためて思った。

「わかった」。アビーは間髪を入れずに言った。ケイラに関することで、私たちの意見が一致したのだ。流れは変わりつつあった。

張本人のケイラも覚悟を決めた。それから30日間、私はすべてのシフトで彼女を時間どおり出勤させた。彼女は私の最優先事項になった。スケジュール表に彼女の予定を記入し、朝の連絡の時間がいつでもわかるようにした。何回か私が起こしたが、私たちはやり遂げた。ケイラは1日も遅刻しなかった。

そして、最後の審判の時が訪れた。31日目。ケイラが自分の足で立つ最初の日だ。

私は彼女が出勤する時間より早くオフィスに着き、入り口で待ち構えた。午前10時ちょうどにやって来る彼女を祝福するのだ。私は待った。

待った。

さらに待った。

10時30分、ようやくケイラが現れた。

駐車場に車を止める彼女を見た途端に、私はトイレに駆け込んで泣いた。彼女がオフィスに入ってきたときに自分がやるべきことはわかっていたが、でも、できなかった。どうしてもできなかった。私はアビーとの約束を破り、マーティの忠告を無視して、ケイラに引き続き働いていいと告げた。

◉本当の理由

アビーがどう思ったかは、説明する必要はないだろう。私は彼女の信頼を失った。当然だ。自分で約束したことを破ったのだから。その後、２人で恒例の合宿に出かけたとき、私たちは激しい口論になった。太陽がまぶしいマイアミで、私たちはずっと暗い雲を連れ歩いた。

いつものように仲直りはしたが、以来、ケイラの話題はタブーになった。アビーは言いたいことがあっても口には出さず、私は自分にできることをやり続けた。いつかケイラが時間どおりに出勤して、アビーも喜ぶ日が来ることを夢見ながら。

その後も私はあらゆることを試みた。ケイラのシフトは午後に入れた。自己改善に必要なステップを、彼女が自分で考えられるように助言した。表やグラフを描いて、遅刻するとクライアントやパートナーにどのような影響が及ぶかを説明した。夜遅くまでインターネットを検索して解決策を探した。しかし、どれもうまくいかなかった。しかも20分や30分の遅刻どころか、まったく姿を見せない日も増えた。

ケイラの行動がチーム全体に悪影響を及ぼしていることは、私もわかっていた。いつも遅刻するだけでも十分に問題だったが、まったく現れないとなると、次元の違う話になる。そこで、私はケイラに最後のチャンスを与えた。

彼女の清掃先をクライアントの家やオフィスではなく、私の自宅とスチューデント・メイドのオフィスに限定したのだ。そうすれば彼女は仕事を続けることができ、慢性的な遅刻（と欠勤）の影響の大半は、私に限定される。アビーは、私がもっと大きな覚悟を引き受けるべきだと思っていたに違いないが、少なくともささやかな進歩になるだろう。

ある日、ケイラが私の自宅を清掃した後に帰宅すると、シミひとつないキッチンカウンターにコップが一つ出ていた。近づいて手に取ると、ビールが並々と注がれていた。その日、私の家に入ったのはケイラだけだった。

点がつながって、線になった。私は不安に駆られ、すぐケイラに電話をかけた。やはり彼女は何年も前から、アルコールと薬物の乱用に苦しんでいた。最近はさらにひどくなり、だから欠勤も増えた。どうして私は何も気がつかなかったのだろう。

その瞬間、私がケイラにしてあげられることは残っていないと悟った。私の手に負えない問題だ。私は彼女に、もう会社に来なくていいから、今すぐ専門家に助けを求めなさいと、優しく言った。このまま電話を切らないでほしいと、彼女は懇願した。私も切りたくなかったが、そうするしかなかった。数時間後、ケイラから、リハビリ施設に向かっているとメールが届いた。

ケイラは本当に必要な助けを得ることができるのだから、私は安心するべきだった。しかし、私は罪悪感と不安に打ちのめされていた。スチューデント・メイドと私がそばにいなくても、彼女は大丈夫だろうか。私は彼女を見捨てた。彼女を抱き締めて、さよならを言うこともできなかった。

クビにしてくれて感謝しています

数カ月後、まったく予想していなかったことが起きた。

リハビリセンターから私に電話がかかってきた。ケイラからだった。

「もしもし、ケイラ?」

「こんにちは、レイディ・ボス」。彼女の声は明るかった(彼女はいつも私をそう呼んでいた)。「あなたに手紙を書いたけど、自分で読んで伝えたくなったんです」

私は胸が張り裂けそうだった。一般的なリハビリの過程だが、ケイラからの手紙はやはり特別だ。それから10分間、彼女は私に感謝を述べた。**自分をいつも気にかけてくれたこと、自分を信じてくれたこと、そして、自分に見切りをつけてくれたこと。**

え?

「私に背を向けると決めたことは、あなたにとって苦しかったと思います。でも、そうしてくれたことに、とても感謝しています。私はどん底を見ました。そして今は、自分の人生を取り戻しつつあります」

現在、ケイラは別の会社でフルタイムで働いている。街で会うといつも元気そうで、にこやかな笑顔を見せる。先日会ったときは、昇進したと言い、一度も遅刻していないからだろうと冗談を飛ばした。

スチューデント・メイドをクビになったことは、彼女の人生にとって最高の出来事だった。

◉私はケイラをなぜクビにできなかったのか

私がケイラをなかなかクビにできなかったのは、不安だったからだ。

彼女がどうなるかだけでなく、自分がどのように言われるかも不安だった。彼女をチームから追い出したら、私も失敗したことになるのではないか。学生のことを一番に考え、支えてきた私が、彼女を助けられなかったと言われてしまう。その現実を潔く受け止めることができなかった。だから彼女にこだわり続け、こだわり続けて、失敗した。結局、私はケイラが本当に必要な助けを求めることを邪魔したうえ、アビーと真剣に築き上げてきた関係を大きく後退させた。

ケイラがスチューデント・メイドを去った後は、私も人を手放すことがうまくなった。誰かを解雇するかどうかについて、アビーと私は意見が一致するようになった。

と言いたいところだが、そう単純ではなかった。

ケイラは極端な事例だった。しかし、本当はいい人が問題ばかり起こすようになり、私たちが決断を迫られると、アビーはいつも現実的で、譲れない一線を決めようとした。私はいつも感情的で、基準を甘くしようとする。アビーは直線を引き、私は砂浜にハートを描くようなものだ。この手の問題になると、私たちはいつも衝突した。

解雇をめぐって意見が一致するのは、「第二のジェニファー」の場合だけだった。私たちのコア・バリューに反するような振る舞いを意図的にするメンバーは、アビーも私も、即座に辞めさせることが最善だと確信していた（幸い、ジェニファーのような状況はめったに起こらなかった）。非倫理的な人間が倫理的になるように支えることは、私たちには不可能なのだ。

ただし、コア・バリューが解雇を考える基準になっても、コア・バリューをめぐる食い違いは生じる。ケイラに関してもそうだった。アビーは、遅刻することが、チームワークに関するコア・バリューの「責任を全うする」に反すると考えた。シフトの時間が半分過ぎたころに現れて、チームメイトを落胆させるからだ。しかし私は、ケイラが最も汚い部屋の掃除を進んで引き受けていることを知っていた。これは同じコア・バリューを実践しているのではないか。

アビーと意見が一致しないからこそ、解雇の最終的な判断は私が下すと決めていた。ケイラにも、最後に通告したのは私だった。採用の権限はアビーに任せていたが、解雇は別だ。これもまた、私にしかできないことだった。

学生は私に生活を頼っている。スチューデント・メイドの給料は、彼らの食費や家賃、車の維持費、学費などの一部になる。彼らから収入源を奪うことは、特に生活が厳しい学生の場合、人生に大きすぎる影響を与えかねない。健康や安全を脅かしかねないのだ。そうした重大な責任は、アビーではなく、会社のトップである私が背負うべきだ。アビーも、給料を払う私に生活を頼っていたのだから。

◉解雇のルールを明確にし、チームに任せる必要がある

解雇に関する判断はすべて私が下すという方針は、最初はうまくいった。しかし、私は講演の仕事が増え、ゲインズビルを留守にする時間のほうが長くなった。そのころにはリーダーシップ・チーム全体がアビーの指揮下にあり、日常業務の管理をチーム内で分担していた。したがって、学生との問題は、それぞれの担当者が原則に照らして対処することになる。大きな問題が起

きて、誰かを会社に残すかどうかを話し合う必要が生じると、必ず私に連絡して状況をすべて説明しなければならず、私はそれを聞いて判断を下した。

ただし、私はいつでもすぐに対応できるわけではなかった。私が飛行機に搭乗する直前や、壇上を歩いているときに、ようやく連絡がつくこともあった。人の運命を決めるのに、理想的なタイミングではない。リーダーシップ・チームの中には不満を募らせる人も出てきた。自分たちのほうが、学生のことも状況もよく知っているのだから、私抜きで判断を下せるようにするべきだと、彼らは主張した。アビーも賛成した。

ある日、アビーから電話があった。

「このような判断を、あなた抜きで下せるようにする必要がある。でも、どうすればいいのか、誰もわからない。参照できる書類もないわ。そろそろルールや仕組みを作らないと」

ルール？　仕組み？　私の好みではない。

私たちにもその類のハンドブックがあった。インキュベーターで知り合った人事の専門家のエバは、私が従業員規則はないと言うと、心臓発作を起こしかけた（人事に関する私の自由放任主義に、彼女がさじを投げなかったことには、今でも驚いている。エバ、あなたは聖人のような人だ）。

そこで、初めて採用したインターンのリジーが、エバの助けを借りて規則をまとめた。しかし、そのハンドブックは、私が世の中でいちばん嫌いな本になった。そこに書かれている方針は、私に言わせれば厳しすぎて容赦がなかった。私は規則に従わず、ケース・バイ・ケースで対応した（それを文書にまとめたことも、ほとんどない。泣かないで、エバ）。

その時々の状況に応じて、最も公平だと思うことをしてきた。こうして従業員規則は無用の長物になった。私が従わないのに、誰がわざわざ従うだろうか。

臨機応変な判断の限界

しかし、私は認めたくなかったが、ルールと仕組みが必要であることは、アビーの言うとおりだった。会社が大きくなり、リーダーシップ・チームの人数が増えるにつれて、人事に関する臨機応変のアプローチは維持できなくなった。もし何らかのルールを決めていれば、ケイラの件で私たちが――ケイラも含めて――あれほど苦しむことはなかっただろう。ルールによっては、私が不公平だと思う結果を招くかもしれないと不安だったが、選択の余地はなかった。

次のワークショップで、私のオフィスから昔のハンドブックが見つかった（棚の奥でほこりをかぶっていた）。そこで規則を一つひとつ、現在のリーダーシップ・チームで検討することにした。みんなが賛同すれば合格。賛同しなければ、チームの意見がまとまるまで話し合う。最終的に誰もが従おうと思う規則をとりまとめて、新しいハンドブックを完成させたかった。それがあれば、学生を公平に扱い、私が講演をしている最中でも、高度4万フィートを飛ぶ機内にいても、チームが解雇の是非を判断する目安となる規則になるだろう。

ケイラの件を教訓に、遅刻は3回でアウトという規則から始めた。「問題ないと思います」と、すぐに声が上がった。「公平そうだし」「公平じゃないよ！」と、別のメンバーが反論した。

私も賛成ではなかった。3回遅刻した後も、ケイラの仕事そのものは素晴らしかったのだから……31回目の後も。

「私もそう思う。公平じゃないわ」と私は言った。「3年、4年と働くのに、2回しか遅刻できないなんて」

そこでアビーが割って入った。「学生には時間を守ってもらわないと。現実の社会はそういうものよ」

「私はミーティングに遅刻するときもある。あなたも遅刻するわ」と私は反論した。そして、この日のワークショップに遅刻した人たちの顔をじっと見つめた。「ミーティングに3回遅刻したらクビだと言われたら、どうする？」

議論のゴングが鳴った。

解雇の条件については、さまざまな意見があった。アビーに賛成して、白黒をはっきりさせるルールが必要だと思う人もいた。私と同じように、問題が起きたらそのつど、状況に合わせて対処するほうが好ましいと言う人もいた。あるいは、両方を混ぜた程度がいいという考えもあった。意見の一致どころか、歩み寄ることさえ不可能に思えた。

しかし、時間はかかったが、遅刻に関して全員が賛成する解決策がまとまった。15分の猶予を設けたのだ。所定の時間を過ぎても15分以内に来れば、遅刻とは見なさない。私はさらに、ここにいる全員が時間を守ろうと誓った。学生に時間を守れと求めるなら、私たちリーダーが手本を示さなければならない。

1ラウンド目、終了！

人事判断のガイドブック

しかし、いざ決まっても、私は何かが違う気がしてならなかった。私は再びリングに上がった。

「15分以上、遅刻したけれど、正当な理由があった場合は？　例えば、車の鍵を閉じ込めてしまったとか」

「さあ、考えましょう」とアビーが言った。いつもの私だと思ったのだろう。

さらに、活発な議論の結果、正当な理由や（車の鍵を閉じ込めるような）うっかりミスで遅刻した場合は許されることにした。すでに不運に見舞われている人をさらに罰することは、私たちが学生を支えるという約束に反するからだ。

そして、遅刻が3回でアウトではなく、正当な理由がない欠勤は計4回までとし、5回目で辞めてもらうことにした。つまり、一般的な会社より失敗する余地は認めるが、それほど甘くはないというわけだ。

こうして遅刻に関する解決策が決まった。

たった一つの規則で2、3時間がかりの議論になった。残りを片づけるのにどのくらい時間がかかったかは、ご想像に任せよう。しかし、私たちはついに、すべての規則の検証を終えた。

新しい「ガイドブック」は全36ページ。スチューデント・メイドにおける人事のあらゆる問題について、対処方法が記されていた。**私が「ガイドブック」と呼びたかったのには理由がある。あくまでも提案をまとめたもので、不動のルールではないのだ。誰かの人生を、人間が決めた恣意的なルールで縛りたくなかった。**

ガイドブックに記された方針は、すべてが絶対的なものではない。その点に同意するなら、これらの判断をリーダーシップ・チームに任せて、私は安心して飛行機に乗る。私の言葉に全員がうなずいた。

それでもまだ、私の本能が、ルールを決めると反動が起きるとささやいていた。

実際、私の本能の声は信頼できる。

◉ガイドブックの深刻な副作用

ガイドブックを導入してから半年後、リーダーシップ・チームのアマンダから、優秀な清掃メンバーのブライアンについて報告があった。ブライアンは体調を崩していた。会社の決まりでは、直前に仕事を休む場合、診断書がなければ無断欠勤になる（さらに、ガイドブックによると、診断書なしの休みが3回でクビになる）。

ブライアンは病院に行くお金がなかった。だから具合はかなり悪かったが、無断欠勤になることを恐れて出勤した。スチューデント・メイドの仕事を大切にしていたから、それを失うかもしれないリスクを冒したくなかったのだ。彼はアマンダに言った。「ルールのことを考えると怖くて。オフィスにクラッカーでもあったら、腹に入れて落ち着いたかもしれないけれど」

私は心が沈んだ。アマンダも沈んでいた。

アマンダは、ほかにも**熱意のあるメンバーの多くから、スチューデント・メイドのルールにおびえていると言われていた。**彼女は、リーダーシップ・チームはダブルスタンダードではないかと感じていた。同じ行為でも自分たちのことは罰しないが、学生には規則を遵守しろと求める。自分が病気になってもスチューデント・メイドに診断書を求められたことはないと、アマンダは言った。

彼女の言うとおりだった。

ガイドブックを導入したときから、このようなことが起きる気がしていた。実際には、私が期待したような「ガイド」にはならなかった。リーダーシップ・チームの一部のメンバーは、どんな場合でも、定義された方針を厳格に守った。想定される状況が明確に記され、あいまいな判断の余地がないことを評価し、ガイドブックに従えばすべての人が公平に扱われると信じていた。

しかし、アマンダ（や私）のように、白黒をはっきりつけすぎだと思うメンバーもいた。ガイドブックはあくまでも「ガイド」であって、厳密に適用しすぎると不公平が生じかねないからだ。私が講演の合間にオフィスに顔を出すと、原則に照らして判断を下すことをめぐり、アビーと私の間と同じような意見の相違が、リーダーシップ・チームの中でふつふつと泡立っているのを感じた。

そこで、次の月例のワークショップでこの問題を取り上げた。

◉「ルールが怖い」と学生が感じる会社はダメだ！

リーダーシップ・チームのメンバー全員が集合すると、私はまず、ブライアンの一件について報告した。

学生が会社のルールに関して「怖い」という表現を使ったことに、私は打ちのめされていた。スチューデント・メイドで働く人には、いかなる理由でも、仕事に恐怖を感じてほしくなかった。

メンバーがうなずくのを見て、私は彼らも同じように感じているのだと思った。

「学生が1日の仕事を終えたときに、どんなふうに感じてほしい？」と私は聞いた。「あなたたちは、仕事を終えたときにどんなふうに感じたい？」

私はマーカーのキャップをはずし、ホワイトボードの前に立った。次々にフレーズが飛び出した。

「認められている」

「耳を傾けてもらった」

「意義深い」

「支えられている」

「権限を与えられている」

「安心」

数分でホワイトボードはいっぱいになった。

「さあ、これを見て」。私はブレインストーミングの結果を指さした。「私たちにはルールや仕組みが必要よ。それはとても重要ね。でも、私たちは学生に、こんなふうに感じてほしいとも思っている」。私はホワイトボードに書かれた言葉をマーカーで強調した。「どうすれば両方を実現できる？」

次のブレインストーミングは、あまり生産的ではなかった。いろいろな意見が出たが、結論らしきものには到達しなかった。私はふと、プールサイドでマーティと交わした会話を思い出した。

白黒だけでなく灰色の影に注目しよう

ルールは白黒をはっきりさせるものだが、私たちはリーダーとして、灰色の影に注目しなければならないと、マーティは言った。経費精算で不正をしたピートを、マーティは会社に残すと決めた。

彼はピートの行為だけでなく、その一件をめぐる詳細な要素や状況についても考えた。ピートには忠誠心があった。会社を信頼し、常に最善を心がける優秀な従業員だ。しかし個人的に深刻な経済問題を抱えていたため、不正を働いた。

これらの要因があったから、マーティは白か黒かの二者択一にそぐわないと考え、二度と信頼を裏切らないという条件で、もう一度だけチャンスを与えた。その点はケイラに対する私の思いと同じだ。

私は彼女が仕事に遅刻することだけでなく、彼女が私生活で抱えていた困難がそのような振る舞いにつながったことや、それ以外の彼女の長所を考慮して、彼女にもう一度、チャンスを与えた（実際には、あまりに多くのチャンスを与えたのだが）。

それに対し、アビーはこの一件も白か黒かで考えた。ケイラは時間を守ることができず、時間厳守はスチューデント・メイドのメンバーとして必要な条件だから、ケイラはチームに留まるべきではない、と。

リーダーシップ・チームのメンバーにマーティの話をした後、私は彼が得意とするメンターらしい振る舞いを真似て、あるシチュエーションを提示した。ブライアンが仕事を休んで、次の日にオフィスに来たが診断書を持参しなかったら、リーダーシップ・チームとしてどのように対処するだろうか。

規則では、診断書――病気だという「証拠」――がなければ無断欠勤と見なす。通算3回で、ガイドブックに従えば解雇となる。ただし、と私は続けた。ブライアンはとりわけ忠誠心の高い学生で、毎日、全力を尽くして働いている。リーダーシップ・チームの合宿中に1回か2回、彼にオフィスの留守番を頼んだこともあった。

さまざまな議論の結果、ブライアンはとても素晴らしいメンバーだから、診断書がなくても無断欠勤にしない、という意見でまとまった。病気だと嘘をつく人ではないことを、彼自身がすでに証明しているから、私たちは彼の説明を信じられる。ようやく着地点が見えてきた。

続いて、私はもっと大きな問題を提起した。ブライアンの仮のシナリオで考えたように、ルールを曲げる必要があるという判断を、どのように下せばいいだろうか。誰にもう一度チャンスを与えるべきか、何回までチャンスを与えるか、いっさいチャンスを与える必要がない人もいるのか、どのように決めればいいのだろうか。

◉人事判断に関する新しいアプローチ「ザ・ライン」

遅刻に関する方針を決めるだけで時間をかけすぎだと思うなら、その先の議論は想像もつかないだろう。これらの問題についてリーダーシップ・チームの意見がまとまるまでに、数回のワークショップが必要だった。詳細は省略して、話は一気に全社ミーティングへと飛ぶ。私は集まった学生たちを前に、スチューデント・メイドのルールに関する新しいアプローチを発表した。

（私の頭の中でドラムロールが鳴り響いた。）

「これを見て」。私は床に貼った灰色のダクトテープを指さした。片方の壁から向かい側の壁まで延びたテープは、オフィスの共有エリアを二分していた。

「ザ・ラインです。私たちリーダーシップ・チームは毎日、このラインの上に立ちます。たとえて言ってるのよ。私たちはみなさんを支えて、話を聞いて、気にかけて、信頼して、権限を与える。仕事に必要なあらゆるツールを提供する。

私たちは毎日、あなたたちに投資して、より良いチームメンバーになれるように、より良いリーダーになれるように、手助けする。それを約束するために、私たちはここに立ちます」

学生は訳がわからないという顔をしていたが、私の演説が始まったら誰にも止められないことはわかっていた。

「でも、毎日ラインの上に立つのは、私たちだけではありません。あなたたちも立つんです。仕事に来るときはいつも、全力を尽くすという意気込みが必要です。スチューデント・メイドのコア・バリューに基づいて判断を下すこと。私たちやチームメイトからのフィードバックに耳を傾け、心に留めて、そこから成長すること。仕事に来るときはいつも、自分の成長のために投資したいと心がけること。

あなたたちが会社を信頼していることを、チームを大切に思っていることを、行動で示してください。そして、私たちはそういう姿を見て、あなたたちの失敗を受け入れます。失敗しても、向上するチャンスを与えることを約束します。

無制限にチャンスがあるという意味ではありません。つまずいたら、改善するための計画を自分で立てる。私たちはその手助けをするのです。

あなたたちがラインの上に立ったら、私たちは会社の方針を柔軟に適用して、あなたたちのためになる方法を考えると約束します。みなさんが私たちに強い忠誠心を誓うのと同じように、私たちもみなさんに強い忠誠心を誓います」

全員でラインの上に立つ

私はいったん言葉を切って、学生たちの顔を見た。大丈夫、話についてきている。

「この関係は――」。私は後ろにいるリーダーシップ・チームを指さし、再び学生のほうを向いて続けた。「私たちが、私たちとみなさんが、全員でラインの上に立たなければ、うまくいきません。ただし、誰かを無理やり立たせることはできない。あなたたちが自分を成長させようと思わなければ、私たちは手助けできないのです。チームを気にかけることも、挑戦することも、私たちが強制することはできないのです。私たちに、みなさんの行動をコントロールすることはできません。あなたたちが向上するための計画を、私たちが次々に押し付けても意味がないから。私たちと一緒にこのラインの上に立とうと思わない人がいれば、辞めてもらうことになります」

全社ミーティングの最後は全員で——リーダーシップ・チーム、学生、そして私も——ラインの上に立ち、集合写真を撮った。オフィスの床に貼った1本のダクトテープは、さまざまなことを象徴していた。私たちの最も重要な哲学を語る線だ。

長所が短所を上回るなら、私たちはその人のために戦う。**心根がしっかりしていて、会社のコア・バリューを体現していて、よかれと思って判断を下し、最善を尽くし、真摯に取り組んでいる人には、失敗から学ぶチャンスを与える。**

しかし、向上することに関心がなく、向上するための計画を私たちが一緒に考えても自分の短所を克服できない人は、会社を去るしかない。そのような状況に至ったら、彼らの行動は会社にとっても、会社の文化にとっても脅威になりうる。

私が31日目以降もケイラを残らせたときのように。

無制限にチャンスを与えることはできない。特に、本人が当事者として義務を果たそうとしなければ、そこまでだ。そこまで至って学生が会社を辞めざるを得なくなったときは、私たちリーダーシップ・チームは少なくとも、その学生のために全力を尽くしたと思って安眠できるだろう。

ラインができてからは、リーダーシップ・チームは解雇するべき時期を見極めやすくなった。コア・バリューや企業文化、失敗から学ぶ哲学を、危険にさらすかもしれないと心配する必要はなくなった。ただし、原則に関わるような判断が求められる状況やルールの問題については、1人で判断を下さないように念を押した。

ガイドブックは今後も使うが、あくまでも「ガイド」だ。自分の判断が公平でバランスが取れているかどうか、ほかのメンバーに相談しなければならない。意見が一致しないときは、別のメンバーを加えて3人で検討する。リーダーシップ・チームは共感と謙虚さを忘れずに、スチューデント・メイドで働く人々が、ホワイトボードに列挙した感情のすべてを持てるように導きたい。私はそう考えていた。

こうしてラインは、会社の方針を「怖い」ものから、私たちの企業文化と完全に一致するものへと進化させた。私たちと働く人々が責任を果たしつつ、自分は会社から大切にされているのだと実感できるように、リーダーシップ・チームが判断を下すガイドとなった。

少しずつ、私たちは解雇の問題にうまく対処できるようになった。素晴らしいことだ。この後、いくつか大きな別れが私たちを待っていたから。

◉ペンサコラ支店の苦境

ペンサコラの支店を開いた当初から、問題は山積みだった。

私たちに進出をもちかけたエグゼクティブの女性は、支店が始動する直前に会社を辞めた。彼女以外の経営陣は、私たちのかわいそうなシンデレラをいじめる強烈な継母軍団だった。決して冗談ではない。

1枚の鏡に指紋が一つ残っていると言って、2人のスタッフで拭き取りに来るように求めた。レイチェルとサラの個人の携帯電話番号をコンドミニアムの客に教え、客は時間におかまいなく電話をかけては、タオルを持ってきてくれ、栓抜きがないと、契約に含まれていないサービスを要求した。経営陣は私たちの学生を「子供」と呼んで見下していた。

このクライアントに別れを告げることは、考えるまでもない判断だった。私たちはすでに、多少のお金を失うことになっても、スチューデント・メイドの企業文化を守らなければならないときがあると学んでいた。

とはいえ、支店の安定した収入源を失う以上、営業に力を入れてクライアントを増やす必要があった。問題は、レイチェルとサラが営業に消極的だったことだ（2人は大学で、それぞれジャーナリズムと人類学を学んだ)。

彼女たちは学生と素晴らしい関係を築き、ペンサコラの支店をゲインズビルのスチューデント・メイドと同じ雰囲気に育て上げていたが(その点は、私は2人を心から信頼していた)、ビジネスのやり手ではなかった。

彼女たちに支店を任せたときは、営業の知識や経験がないことは、私の中で優先順位が最も低かった。大口のクライアントが待っていたから、売り込みをかける必要はないと思っていたのだ。しかし、リゾート施設の時計は真夜中を過ぎ、シンデレラの魔法はとけた。私はレイチェルとサラに、ビジネススーツに着替えて新しいクライアントを探しに行くように言った。

彼女たちは努力した。人脈を広げるために地元のネットワーキング・グループに参加し、友人や家族に紹介を頼み、有望なクライアント候補にメールも出した。でも、どこか真剣さが足りなかった。

営業に向いていないだけでなく、営業が好きではなかったのだ。彼女たちにとって充実感のある仕事ではなかった。それでも個人と法人のクライアントをいくつか獲得したが、決して十分ではなかった。

実質的な増収はなく、支店を維持するだけで精一杯だった。アビーはゲインズビルにいながら毎週、打ち合わせや戦略の相談を行って最大限の支援を続け、レイチェルとサラが収益を増やす方法を見つけられるように後押ししたが、実を結ぶことはなかった。

アビーと再び対立

アビーは苛立っていた。私は彼女を責めるつもりはなかった。ペンサコラに大きな可能性があることを、私たちは知っていた。私たち2人が何回も現地に足を運び、ゲインズビルのような市場があると判断して、支店を開けばゲインズビルと同じような規模に成長するだろうと確信したはずだ。収益が上がらない本当の問題は、レイチェルとサラだった。

アビーは状況を変える時期だと提案した。営業の経験があるチームを編成して、ペンサコラの指揮を任せようというのだ。レイチェルとサラを好ましく思わないからではなく——彼女は2人が大好きだった——2人を現在のポストに置き続けることは間違った戦略だと考えた。

ケイラのときと同じように、私は猛反対だった。

レイチェルとサラは私たちの冒険と会社のために、血と汗と涙を流してきたではないか。彼女たちが愛想を尽かさない限り、私から見切りをつけることはありえない。私たちのチームで最も逆境に強い2人を手放すなんて、世界が——2回——ひっくり返ってもありえない。しかも、こちらから辞めさせるのは、あまりに不公平だろう。

彼女たちが自分にできるかどうか自信がない状態で支店を任せたのは、そもそも私だ。彼女たちにとって新しい挑戦であり、安全地帯から足を踏み出させたのだ。もう少し長くチャンスを与えることは、私の責任だと思った。彼女たちならできると確信していた。

「もう少し長く」は、結局1年になった。

数字は何も改善しなかった。しかし、私にとって大切なのは、数字ではなくレイチェルとサラだった。私は特に何かをするわけではなく、彼女たちが奇跡的に営業の仕事を好きになって、才覚を身につけ、支店と自分たちのポストを救うのではないかと祈り続けた。そして、アビーは私の選択に不満を募らせ続けた。

◉ペンサコラからの撤退

1年が過ぎるころ、レイチェルが、私が下すべき決断の半分を引き受けた。2カ月後にサンディエゴへ引っ越して、海軍に勤める恋人と一緒に暮らすつもりだと申し出たのだ。アビーは、レイチェルに払っていた給料で営業担当者を雇い、後任に据える絶好の機会だと考えた。しかし、私には別の考えがあった。

私はレイチェルに、リーダーシップ・チームに残って、サンディエゴで会社の専属ライターをしないかと提案した。アビーは、社内にライターを置く必要性が理解できないと反対した。私もいまだに理解していない。でも、これが私という人間だ。まだ何も終わらせるつもりはなかった(この本を書くためにレイチェルの力が必要になることを、誰が予想しただろうか)。

ペンサコラでもう1人、雇う余裕はなかった(スチューデント・メイドは専属ライターを雇ったばかりだった)。そこでサラが1人で支店を率いることになったが、長くはもたなかった。レイチェルがペンサコラを離れてから約1年後、今度はサラが、これ以上は続けることはできないと申し出た。彼女は支店の数字を見て、会社が本気でペンサコラを成功させるつもりなら、別のリーダーが必要だと悟った。

彼女はいつも学生のことを考えていたが、支店の運営には本気になれなかった。しかし、「責任を全うする」ことなく放り出したくなかったので、半年間、待つと言った。その間に私たちは支店をどうするかを考える。そして半年後、彼女はもっと自分の関心に合った仕事を見つけると言う。

サラを失うことは悲しかったが、一方で、レイチェルとサラを辞めさせるかどうかという判断を下す必要がなくなり、ペンサコラの支店に何が必要かを考えることに集中できた。次のワークショップでは、リーダーシップ・チームとして支店の将来を議論した。

驚くことに、始まってから30分足らずで全員一致の結論に達した――ペンサコラから撤退する潮時だ、と。ゲインズビルでは多くのプロジェクトが進行していた。私の講演の仕事が増え続けていただけでなく、支店を成功させるために投じる資源がなかった。

私が逃げ続けた結果

最終的に支店の事業を売却した。幸い、私たちのコア・バリューと企業文化に共感する買い手が見つかった。小さな清掃会社を経営している若い起業家だ。売却価格は相場よりかなり安かったが、ありがたいことに、彼は支店で働いていたすべての学生に雇用を用意した。

私にとって、事業の売却で得るお金より、学生を大切にしてくれる人に託すことのほうが重要だった。つらい選択だったが、いざ決まると私はほっとした。決断したことでアビーとの緊張も和らいだ。

しかし、最悪の仕事が残っていた。私がペンサコラに行って、学生に支店の売却について説明することだ。彼らにとってスチューデント・メイドがいかに大きな意味を持っていたのか、私は考えてもみなかった。彼らの前に立って報告を始めると、泣き声が聞こえてきた。私は罪悪感に襲われた。とんでもない罪だ。すべて私のせいだった。

ゲインズビルに戻りながら、どこで間違えたのだろうかと考え続けた（5時間のドライブだったから、振り返る時間はたっぷりあった）。どうしてこんなことになったのか。別の方法はなかったのか。

私は、学生が仕事に必要なツールを必ず提供してきた。リーダーシップ・チームのメンバーには、学生を誠心誠意、支えるように求めた。彼らは学生に直接会って、本人の短所について話し合い、それを克服する計画作りを手助けした。学生のために目標を設定し、達成できなかったらどうするかを本人と話した。

しかし、**リーダーシップ・チームに要求していたことを、私自身が実践していなかった。私がペンサコラに行って、レイチェルとサラに営業の仕事を教えるべきだった。彼女たちが支店の業績目標を達成する計画を立てる際に、手助けをするべきだった。アビーの士気が薄れた後は特に、私がやらなければならなかったのだ。**

収益改善の期限を明確に定め、達成できなければどうなるか、私がレイチェルとサラと一緒に議論するべきだった。収益が伸びなかったのは、決してレイチェルとサラのせいではない。私のせいだ。

それまで私は、ラインは学生に関するものだとしか考えていなかった。しかし、リーダーシップ・チームにも必要なものだ。レイチェルとサラは、自分たちの意志でラインの上に立たなければならなかった。

彼女たちは営業が好きではなかったが、最善を尽くした。一方で、収益目標を達成できなかったという報告を何回も聞きながら、私は何もしなかった。それは彼女たちにとって、私がペンサコラ支店を成功させることに関心がない、というメッセージになった。意図的にそうしたわけではない。本当に忙しかったのだ。でも、これが事実だ。私はもっと何かできたはずだ。

ラインの精神を思いついたとき、私はいちばん大切なことを忘れていた。私もラインの上に立たなければならないのだ。

◉ペンサコラ支店の失敗から得たもの

ペンサコラの投資は失敗した。それは確かだ。しかし、人への投資は失敗ではなかった。時間も費用もエネルギーも、人への投資はすべて価値のある投資だ。3年間一緒に働いた人も、3学期でも3カ月でも変わりはない。支店の撤退に伴い、これまで投資してきた学生のために、新しい仕事を探さなければならないとしても。私たちが彼らに教えたことが、彼らの人生に波及効果をもたらすのだから、価値ある投資だ。

夏の転出シーズンにアパートメントの鍵束を預けたモニクも、給与支払いのトラブルを乗り越えたリジーも、それぞれの経験は彼女たちに大きな影響をもたらした。私は多くの学生から、同じような経験を綴った手紙やメールを受け取ってきた。すべて靴の空き箱にしまって、オフィスに置いてある。

その1人、ダニーは大学を卒業後にルイジアナでクリニックを開業した。彼が最初に取り組んだのは、コア・バリューを決めることだ。今では看護師たちから、給料が高いほかのクリニックより彼のところを選ぶ理由は、企業文化だと言われている。

キャサリンはスチューデント・メイドの仕事が気に入って、高校生のときから大学院を終了するまで働いた。彼女は私たちのところで、リーダーになることと自分を信じることを学んだと言う。そして、ケイラからの手紙も、束のいちばん上に置いてある。

スチューデント・メイドで働く人々にとっての成功とは、どのようなものか。それに関する私の考え方は、年月とともに進化している。ザ・45の直後は、もう二度と学生に辞めてほしくないと思った。しかし今は、彼らの旅立ちを祝福している。彼らの目的地がスチューデント・メイドではなくなっても、私は彼らの旅が楽しみで仕方がない。

ただし、リーダーシップ・チームに関しては、長い間メンバーを送り出すことがつらかった。私にとって、彼らは学生とは異なる存在だ。彼らは会社を成長させるパートナーであり、私は彼らを失いたくなかった。

レイチェルとサラの一件で学んだとおり、仲間と一緒に働き続けたいと思うなら、一人ひとりの強みと役割ができるだけ重なるようにして、彼らが仕事で充実感をより強く持てるようにしなければならない。

ワークショップで自己発見と自分の弱さを認めることを集中的に学んだおかげで、リーダーシップ・チームのメンバーは、自分にもっとふさわしい役割を望むときは気兼ねなく申し出るようになった。

おもしろいことに、誰かがやりたくない仕事があると、ほかのメンバーが喜んで「私がやる！」と名乗り出た。それを見て、私はふと思った。レイチェルとサラが営業を好まなかったように、ある仕事が自分には向いていない、あるいは嫌でたまらないと思うメンバーがいる。一方で、ほかのメンバーはその仕事が得意で、ぜひやりたいと思っている。それでも前者のメンバーにやらせ続ける意味があるだろうか。

社員を幸せにすることができないのなら

ある日のワークショップで、リーダーシップ・チームの全員にジョブ・ディスクリプション

（職務記述書）を書かせた。実際に担当している内容というより、自分が楽しんでやっている仕事や、現在の環境で最善を尽くすためにやるべきこと、そして疲労やストレスがたまる仕事を中心に説明してもらった。

これをもとにチームで相談しながら、ある人が好きではない仕事を、ほかの人の仕事と交換した。仕事が遂行されるなら、誰がどのように行うかを私は気にしなかった。リーダーシップ・チームには才能のあるメンバーがそろっていた。誰が何をするかは、彼ら自身が決めればいい。

例えば、人事担当のマリアは、人事の決定や方針がすぐに変わることをフォローするのが苦手だった。一方で、ボブはリサーチをして状況を把握することが大好きだ。そこで彼女は、それらの変更に伴う事柄を調べてマリアに報告する仕事を引き受けた。メンバーが自分の仕事に抱いている違和感をすべて取り除くことは不可能だが、最終的にチームとしての役割分担の見直しにつながり、全員が1日の終わりにそれぞれ充実感を得られるようになった。

この議論を通じて数人のメンバーが、自分はスチューデント・メイドで充実感を得ることはできないと理解した。彼らは今の仕事に幸せを感じていなかった。それはそれでかまわない。このワークショップで最も重要なのは、スチューデント・メイドで働く人々を幸せにする方法を見つけることだ。

私たちが彼らを幸せにできないなら、愛情と応援と共に送り出したい。ラインに立って学生と向き合うときと同じように、リーダーシップ・チームのメンバーに対しても、私たちがあらゆる努力をした後は別れを言いやすくなった。

とはいえ、誰かが去るときはいつも、前向きに送り出した後でも、残されたメンバーは人間関係と仕事の穴を埋めるまで苦労した。そこで私は思った。**リーダーシップ・チームの誰かがスチューデント・メイドを離れようとしているときに、前もって知ることができれば、私たちも準備を進められるのではないか。**

学生にはいつも、将来の計画を話してほしい、次のステップに進もうと考えているときは正直に教えてほしいと、背中を押している。リーダーシップ・チームにも同じようにすればいいのだ。

メンバーの将来の夢を共有することで、良い別れができるようになった

別のワークショップで、今後3年以内の日時を1つ選び、そのときに自分がどんな人生を送っているかを想像するという課題を出した。どんな仕事をしているか。社会にどのような影響を与えているか。どこでどのように暮らしているか。収入はどのくらいか。結婚しているか。子供はいるか。

詳細に書いた人もいれば、2、3行でまとめた人もいた。そして、全員の前で発表させた。最

初は少々ぎこちなかった。自分勝手だと思われたい人はいない。ややためらいはあったものの、1人ずつ将来のプランを説明した。

チーム全体に影響を与えるような内容もあった。あるメンバーは、実家に近いポートランドに引っ越したいが、その後もリモートワークで今の仕事を続けたいと希望した。別のメンバーは1年以内に引っ越して恋人と暮らしたいと考えていた。

自分はまだまだスチューデント・メイドで働くと、断言する人もいた。彼らがどのような人生を望んでいるのかを知り、個人の未来をチームとして話し合うことは、刺激的な議論だった。さらに、いずれ別の仕事を探そうと考えている人や、将来的に在宅勤務を希望している人がいることもわかって、私はその日のために準備をする時間ができた。

そして、チームにとって重要な夢に関しては、チーム内で責任を共有するという意志を確認できた。その夢がスチューデント・メイドの先のキャリアに進むことであっても、チームの将来として共有するのだ。

こうして私たちは、学生にとってもリーダーシップ・チームにとっても、良い別れができるようになった。共に過ごせる残り時間を、去る人も残される私たちも一緒にカウントダウンをした。そして、そのときが来たら、私たちは全員の幸せを祈り、祝福しながら見送った。

しかし、私は本当の別れの試練を、まだ経験していなかった。

◉7年目の別れ

私はアビーからのメールをもう一度、読み直した。

「明日か今週末のスケジュールがよくわからないけれど、できればテレビ電話で伝えたいことがあります。都合を知らせてください！」

アビーからこんなメッセージが来ることはめったになかった。最近はスチューデント・メイドの問題について、彼女が私に相談する必要はほとんどなかった（シェパーズパイの時代は、もう遠い昔だった）。しかもテレビ電話だ。何か深刻なことが起きているに違いない。重要な話は直接、顔を見てするという約束だが、私は例によってゲインズビルを離れていたからテレビ電話しかなかった。

1日どころか、1時間も待てなかった。私は今すぐ話せないかと返信した。

30分後、スマホが鳴った。フェイスタイムの画面にアビーが出た。

「もしもし」。私はおそるおそる声をかけた。「どうしたの？」

「うまく話せるかどうか、自信がないけれど」。彼女は必死に自分を落ち着かせようとしていた。

「スチューデント・メイドを辞めるわ。新しいチャンスを見つけたの」

私は凍りついた。

アビーは明らかに返事を待っていたが、私の頭は空っぽだった。胃が締めつけられた。ジョシュの死を聞かされたときの感覚を思い出していた。

「自分のために、そうしなくちゃいけないの」とアビーは続けた。「私はスチューデント・メイドを信頼している。これまで7年間、会社と共に生きてきた。でも、しばらく前から、私は幸せを感じていなかった。それはあなたも気づいているでしょう」

私は気づいていた。

アビーと私はかなり前から、互いに相手が必要としているパートナーではなくなっていた。人事の問題やペンサコラの件で、繰り返し衝突していたからだけではない。スチューデント・メイドの成長に伴い、私たちはそれぞれ、会社の異なる部分にエネルギーを注いできた。私は全体的な成長に集中し、アビーは日常業務の管理に集中した。私たちは同じチームにいるのに、そう感じないときもあった。

修復しがたい溝

それでも、さまざまなかたちで、私たちの違いは完璧な補完になってきた。彼女は現在を見据え、私は未来に夢を見る。彼女は論理的で、私は感情的だ。そうした違いが相手を助けたり、傷つけたりするときもあったが、今では2人の距離を確実に広げていた。

成長する会社の理想的なマネジメントについて、彼女と私の意見が一致することは、もはや不可能になった。どんなに努力をしてもだめだった。その事実は私に影響を与えていたから、アビーにも影響を与えていたことは間違いない。

私たちは、会話を始めると必ず口論になるという段階まで来ていた。最近の衝突は重大な問題ばかりで、その激しさはケイラの一件も吹き飛ぶほどだった。アビーも私も、決して安易な方向には流されなかった。会社とそこで働く人々の幸せに関わる話だ。

何時間も話し合った挙げ句、最初よりさらに対立が深まるときもあった。苛立ちのあまりアビーに悪態をついてしまう私は、私のなりたかったリーダーではなかった。私は人間関係を基盤にこの会社を築いてきた。しかし、アビーと私の仕事上の関係は、もはや調和していなかった。

私はできるかぎり努力した。アビーも努力した。2人で打ち合わせをする前に、私は想定している議題をじっくり考えて、一つずつ予行演習をして、より生産的な話し合いができるように準備をした。打ち合わせの後に講演の予定があり、結論をまとめる時間がないときは、アビーを連れて移動しながら2人だけの時間を確保した。

休暇中に、彼女が自分の家族と過ごす予定がなければ、私の実家に誘った。彼女の誕生日には、彼女が辞めると宣言したわずか1週間前だったが、飛行機でゲインズビルに戻ってサプライズのランチを共にした。でも、もう昔とは違った。

私たちの関係が変わったことを、アビーははっきりと言える勇気があった。本当は何カ月も前に、私から話し合おうと提案するべきだったのだろう。たしかに私は、人々が次のステップに進むことを祝福できるようになった。でも、その「人々」にアビーは入っていなかった。

アビーは1カ月で引き継ぎを終えて、新しい仕事を始めると言った。ほかの会社で成長を手助けするという。まさに彼女の強みに適したポストだった。次の仕事の話をする彼女の声は、活気にあふれていた。そんな声を聞くのは久しぶりだった。私たちは引き継ぎに必要なあらゆることを相談して、電話を切った。これでいいのだと、私は自分に言い聞かせた。

人生で最もつらい別れ

翌朝、私は怒りとともに目を覚ました。

彼女がこんな仕打ちをするなんて。裏切られた気がした。誰かに背中から刺されているかのようだ。さらに右手を切り落とされ、左足も切り落とされて。

続いて、私は否認の段階に入った。これは現実なのだろうか。

そして、ようやく私は受け入れた。彼女が巣立ちの時期を迎え、自分が夢中になれるチャンスを追い求めようとしていることを、私は受け入れた。

彼女に重荷ではなく喜びを与えるチャンスであり、会社にも最善の結果をもたらすチャンスだ。アビーと私が一緒にいて強くなれなければ、会社も本来あるべき強さを得られないだろう。

アビーは私にとって、あまりにも大きな存在だった。別々の道を進むことが最善だと2人ともわかっているが、アビーを失うことはジョシュを失うようなものだった。

重大な喪失は悲嘆を伴う。ジョシュと違ってアビーは私の目の前にいるが、別れが簡単ではないことに変わりはない。私がそれまでの人生で経験した中で、最もつらい別れの一つになった。

しかし、自分はアビーに対してできるかぎりのことをしたと思うと、穏やかな気持ちになった。私はほかの誰に対してよりも、アビーに多くのものを与えた。アビーも、ほかの誰よりも私に多くを与えてくれた。彼女がいなければ、今のスチューデント・メイドはなかった。

私があきらめかけたとき、彼女は何回も背中を押してくれた。そして、ジョシュと同じように、アビーはこれからも私の一部であり続ける。

◉別れまでの瞬間まで相手に全力を尽くす

ひたすら人に投資する。それが私の学んできた教訓だ。世界一素晴らしい企業文化があっても――深い人間関係があり、人々は自分が評価されていると実感できて、高いレベルの信頼があって、オープンなコミュニケーションとフィードバックが当たり前という職場でも、辞めたいと思う人はいる。

会社やリーダーシップに問題があるからではない。実際、リーダーの成功は、忠誠を誓う人々だけを見ても評価できない。そのリーダーの下で自由にキャリアを追いかけよう、より良い環境を求めようと思えることも、リーダーの資質の一つだ。

スチューデント・メイドの扉を開けて、私と私の会社に投資してくれたすべての人に感謝している。彼らがここで働いた時間の長さは関係ない。その間に大きな出来事をたくさん経験した人も、平穏に過ごした人も、みんなが私と私の会社に足跡を刻んでいった。共に教訓を学びながら、一人ひとりが私の会社をより良くするために貢献した。

別れは、私が学んできた中で最もつらい教訓だ。しかし、ジョシュの死が教えてくれたように、自分ではどうしようもできない喪失もある。リーダーとして私にできる唯一のことは、ラインの

上に立つことだ。私は人々に対して全力を尽くし、別れまでの時間を一緒にカウントダウンするために、あらゆる努力を惜しまない。

［第6章の失敗から学んだこと］

▼どんな人間関係でも終ったあと人は傷つく。しかし、多くの別れを経験するうちに、可能な限りその手を握り締めておくべき人と、手を離すべき人の違いがわかるようになる。

▼「自分がやってほしいことを従業員にさせつつ、どうすれば彼らが楽しんでやれるかを考える」ソウルメイトであるマーティ・シャッフェルのリーダーの定義。

▼長所が短所に勝るからと、遅刻グセがひどいケイラを全力で助けようとした。その結果、アビーと対立した。

▼結局、私はケイラが本当に必要な助けを求めることを邪魔した上、アビーとの関係を後退させてしまった。

▼コア・バリューが解雇を考える基準となっても、食い違いは生じる。

▼解雇の判断をリーダーシップ・チームに委ねようと、長時間の議論を重ねて、人事のガイドブックをまとめた。しかし、ガイドブックのルールに学生がおびえるなど、悪影響も生

まれた。

▼私たちは途方もない議論の時間をかけて、白か黒だけで判断するのではなく灰色にも注目した新しいアプローチ「ザ・ライン」にたどり着いた。

▼リーダーシップ・チームは会社の方針を示すラインの上に立ち、学生たちの失敗を受け入れ、改善をするチャンスを与える。学生が同じラインの上に立つなら、ルールを柔軟に適用する。ラインは会社の方針を企業文化と完全に一致するものへと進化させた。

▼ペンサコラ支店の失敗は、すべて私のせいだった。私もラインの上にたたなければならないのだ。

▼一人ひとりの強みと役割ができるだけ重なるようにして、彼らが仕事で充実感をより強く持てるようにした。さらに私たちは、ワークショップを通じてリーダーシップ・チームのメンバーの将来の夢を共有することで、良い別れができるようになった。

▼7年間パートナーとして共に歩んだアビーとの別れは、人生で最もつらい別れの一つとなった。

▼どんなに素晴らしい企業文化を持った会社でも辞めたいと思う人はいる。自分ではどうしようもできない別れもある。私はリーダーとしてラインに立ち、別れまでの時間を一緒にカウントダウンするための努力を惜しまない。

終章
最後の失敗の告白

◉清掃帝国？

私はヒールをコツコツと鳴らしながら、廊下を歩いて楽屋に向かった。ドアを開けると目の前に、完璧な服装と化粧をまとった女性が立っていた。やけに見覚えがある。私は大きな鏡をにらんでいた。本当に私なの？

ここに到着したときは、両目の下に大きな黒いクマを連れていた。次の大口の融資をどこに頼めばいいかと考えていたら、ほとんど寝つけなかった。観念して30分ほど目を閉じたらアラームが鳴った。そして今、自分でも驚くほど心穏やかだった。椅子に座って15分間、プロのメイクを受けたらここまで変わるのだ。

私は鏡をのぞき込み、歯に何もついていないことを確認した。

ドアをノックする音が聞こえた。

「ミズ・ハディード、準備はできましたか？」

私は妹の顔を見た。心強い付き添いだった。「大丈夫よ」と、彼女がうなずいた。大丈夫でありますように。ああ、とんでもないことを引き受けてしまった。

5分後、制作アシスタントが私をセットに案内して、マイクを取り付けた。生まれて初めて、全国ネットの生放送でインタビューを受けるのだ。

スタジオのまぶしい照明に一瞬、何も見えなくなった。目が慣れると、数台のカメラが私のほうを向いていた。数人のスタッフが見たこともない機器をいじっていた。（とても有名な）ニュースキャスターが私と握手をして、がんばりましょうと言った。そして誰かの声が響いた。

「3、2、1……」

もう始まったの？　座ったばかりなのに！

深呼吸をするのよ。

どうか失敗しませんように。今回だけはどうか。

「最初に確認しておきましょう。**クリステン、あなたは今や清掃帝国を率いていますが、すべては1本のジーンズから始まったんですよね？**」と、アンカーの女性が聞いた。

少なくとも、私は彼女がそう言ったと思っている。すべては夢の中だった。

◉薄っぺらな感動

現実に戻ろう。このインタビューは、私が自力で勝ち取ったチャンスだと言いたいところだが、実際は幼なじみのおかげだった。何年も連絡を取っていなかった友人が大手テレビ局に勤めていて、若い視聴者向けの特集に私を売り込んだのだ。

番組のプロデューサーたちはスチューデント・メイドについて調べ、私にニューヨークで取材を受けてほしいと依頼した。5分ずつ2回にわたる特集だったが、5分でも十分に長かった。

1回目も2回目も、放映直後から電話が鳴りやまなかった、というのは控えめな表現だ。友人たちはテレビ画面を撮った写真に「OMG（オー・マイ・ガッ）！」「信じられない！」とキャプションを付けて投稿した。

家族からは、私が成し遂げたことに感動したと言われた。スチューデント・メイドの卒業生は動画のリンクを拡散して、大学時代のボスが「有名人」になったと自慢した。

私の知っているすべての人から（そして、知らない人も大勢から）連絡が来た気がする。テレビを見た、信じられない。「誇らしいでしょう！」と、彼らは言った。

私は誇らしかった。興奮していた。全国ネットのニュース番組が、私のストーリーに興味をそそられ、数百万人の視聴者に伝える価値があると思ったのだ。お世辞でもうれしいではないか。夢かもしれないと、自分の頬をつねりたかった。

しかし、浮かれていられたのは束の間だった。

テレビに出演し、スチューデント・メイドが絶賛されて、メディアで取り上げられるたびに、同じ騒ぎが繰り返された。

私のＴＥＤのスピーチが再生回数２００万回！　びっくり！

フォーブスで特集！　すごくない？

Ｉｎｃに記事？　私のこと知っているの？　信じられない！

「ついにやった！」「私たち最高よ！」「スチューデント・メイド、バンザイ！」という感動が押し寄せたが、波は来るときと同じくらい、引くのも早かった。

◉成り上がりのステレオタイプが面白い？

いま振り返れば、その理由はよくわかる。

世間の関心は「成り上がり」のストーリーだけだった。テレビに出演すると、空からお札が降ってくるイメージ映像に続いて、カメラが私に切り替わる。コーナーのタイトルは「無一文から大金持ちに」。インタビューの内容はいつも同じだった。

「ある大学生が駆け抜けた成功の軌跡」「若手起業家はどのように無敵の清掃会社を立ち上げたか」という流行りのコピーが付いて回った。駆け抜けた？　無敵？　まあ、そうかもしれないけれど。

メディアが付けた見出しや紹介を見て、私は思った。彼らは、簡単なことだという印象を与えようとしている。私が自分のやっていることを、常に理解していたかのように。私が一度も失敗したことがないかのように。

彼らがそのようなメッセージを伝えるのは、私自身がそのようなメッセージを伝えているからだ。講演では自分が学んだ教訓について語るが、その教訓をどのように学んだかについては話さなかった。

私のブログには若い起業家への助言があふれているが、その助言に至るまでに、自分がどんな経験をしたかについては触れなかった。私の口から出てくるのは、私の会社がうまくやったことについてばかりだった。延べ何百人という学生を雇ってきたことや、定着率がきわめて高いことを紹介し、私たちの「素晴らしい」企業文化について熱く語った。

誇らしい気持ちが長続きしなかった理由は、それなりに成功した起業家から人々が聞きたいと思うストーリーばかり話していることに、自分で気がついていたからだ。こぎれいにまとまった、簡潔で洗練された部分だけを見せていた。誰もが聞きたいであろう部分を、私が話したい部分だけを見せていた。

この本を書き始めるまでは。

◉私が書くべき物語

最初は講演と同じようなことを書けばいいと思っていた。あらゆる障害を乗り越え、自分はきれいなマニキュアを塗ったまま、清掃サービス帝国を築いて大成功を収めた。人々を奮い立たせる物語だ。最初の2章は数日で書き上げ、本を書くことは大変だと警告した人々を心の中で笑った。楽勝だと思った。

しかし、自分が書いた原稿を読み直した私は、ほんの一かけらの誇りしか感じなかった。私のストーリーは……空っぽだった。中身が何もなかった。ジーンズが欲しくて清掃会社を立ち上げ、急成長させた女子大生のお話だった。

数週間後、ライターの友人と食事をしたとき、私が自分の書いたものに感じたことは——そして、たった数日で書いたことは——普通なのかと質問した。

彼は言った。「僕の経験だと、苦労して書いているときに、書くべき本を書いていると実感するよ」

私はハッとした。彼の言葉が頭の中でこだましていた。私は書くべき本を書いているのだろうか。これまでの数章で取り上げたテーマを順番に思い返した。私たちの成功、私たちの受賞歴、私たちの素晴らしい学生。自分が書いている内容について考えれば考えるほど、不安になった。私の原稿は太陽と虹にあふれていた。

創業当初の失敗は、1000ドルの寿司パーティーも商標をめぐる失態も軽く流していた。私が窮地に立たされた失敗も、何もほのめかしていない。ペンサコラの件で夜も眠れなかったこと。アビーと気持ちが離れていったこと。スチューデント・メイドで起きたとんでもない出来事の数々。でも、あの学生のことはさすがに書けない。あの学生のことを言葉にするだけでも……つらすぎる。

何ということだろう。

私はそれまでに書いた原稿をすべて破棄して、また最初から始めた。書き直して、書き直して、書き直した。バルコニーからノートパソコンを放り投げそうになった。

自分の失敗について語ることは難しい。本が出版されたら取り消せないと思うと、なおさら難しい（そしてあなたの両親は、娘が自分の従業員の前でケグ・スタンドをしている光景が、まぶたの裏に永遠に焼き付くというわけだ）。

それでも私は、自分の失敗を告白しなければならなかった。もっとうまくできたはずだと、認めなければならなかった。自分の失敗と弱さを、さらけ出さなければならなかった。そして、ようやく、自分が書くべき本を書いていると確信できるようになった。

◉完璧であるように見せたかったのはなぜだろう

私は講演やインタビューでも、自分が執筆しているようなストーリーを話すようになった。私を最大限よく見せるストーリーばかりではなかったが、実際に起きたことを話していると、それまでに感じたことのないエネルギーが湧いてきた。生きていると実感した。自分が失敗した経験を話しながら、自分に誇りを感じた。自分のすべてのストーリーをありのままに語ることで、解放されたのだ。

この本の冒頭から綴っているようなストーリーを、講演などでも、もっと早くから話しておけばよかった。私は、チームの前ではいつも率直に語る。自分の不完全な部分を世間に見せることを、ためらう必要はない。

完璧な自分を見せるというプレッシャーは、どこから生まれたのだろう。まだ若い私が、経験豊富なCEOと同じくらい有能であることを、証明しなければならないと考えたのかもしれない。私をロールモデルと見なす人もいるから、失望させたくないと思ったのかもしれない。私が会社を経営する女性だからだろうか。金曜の夜に書店で見つけた、あらゆるサクセスストーリーのせいだろうか。あるいは、私たちの社会は、失敗について語るとあまりに気まずいからかもしれない。

「成功したかのように振る舞っていれば、やがて本当に成功できる」と、5000回近く聞かされているからかもしれない。

成功のビジョンを売り込むことがリーダーの仕事だと、私は刷り込まれているのかもしれない。

成功のストーリーは、人々を安心させる。

そのすべてが、完璧さへのプレッシャーにつながるのだろう。

うまくできたことだけを話していたときは、自分のためにも、誰のためにもなっていなかった。

私は実現不可能な理想像ではなく、本物のロールモデルでありたい。**私のストーリーを聞いた人が、自分には無理だと思うのではなく、人々を鼓舞するストーリーを語りたい。**

私の過去の講演を聴いていた人々は、どうして私は一度も失敗したことがないように見えるのかと思っただろう。自分たちはなかなか成功をつかめないのに、どうして私はあっさり成功しているのだろう、と。

私の一面的なストーリーと自分を比較して、自分もあきらめずに会社の経営を続けよう、リーダーになろうと、決意した人がいただろうか。そんな勘違いで決意した人がいないことを、心から願っている。

自分が正しいことをした経験だけを選りすぐって話していた時期に戻れるものなら、今の私について語りたい。この本に書いたことを伝えたい。

◉リーダーは失敗を語るべきだ

かつての私は、人に権限を与えるのではなく、やるべきことだけを指示していた。リーダーとして情けない判断を下し、支店を丸ごと閉鎖させた。人々を管理しすぎた経験から、ようやく自主性の重要さを学んだ。会社を辞めさせるべき人に、辞めろと言えなかったときもある。チャンスがあったのに採用しなかった、あまりに惜しい人たちも。

一緒に働いている人を傷つけ、落胆させたこと。彼らの声に耳を傾けず、彼らが自分は評価されていると感覚を持てなかったこと。私に失望して去って行った人々。

そういう話を、もっと早く語るべきだった。

人を率いるとはどういうことか、詳しく説明してくれる教本はない。最初は誰でもうまくできないものだ。失敗せずに何回かうまくやって、そのままサクセスストーリーが生まれるかもしれない。

しかし、失敗して、それでも何かを達成できそうだと思ったら、別の失敗をして10歩後退するときもある。同じ失敗を繰り返すときもある。あきらめたくなるときも、泣きながらベッドに入る夜もあるだろう。私がビジネスの世界に入ったときに、誰かに教えてもらいたかったことがたくさんある。もっと多くのリーダーに、臆することなく世間に語ってほしいことがたくさんある。

なぜなら、リーダーシップを執ることは、本当に、本当に、厳しいことなのだ。厳しくなければ、正しいことをやっていない可能性が高い。

ここで宣言しよう。私は完全無欠ではないし、私の会社はユートピアではない。私も会社も、ときどき問題が散乱して掃除が追いつかない。私の目の下のクマは、ほとんど消えたことがない。私たちがどんなに学んでも、どんなに経験を積んでも、やはり間違いは犯す。しかし、私たちは失敗を堂々と認める。間違えるから、正すことができるのだ。

◉不完全な自分のストーリーを受け入れよう

ザ・45がクラブハウスのドアを出て行ったとき、私はショックで立ち上がれなかった。傷ついていた。混乱していた。屈辱を感じていた。しかし、私はサバイバル・モードに切り替えた。どうしても期限までに清掃を終えなければならなかった。できなかったときの恐怖に突き動かされて、自宅で緊急ミーティングを開き、私のことがあまり好きではない60人の学生を集めた。

彼らの前に立ったとき、私は震えていた。何を言えばいいのか、自分が何を謝罪するべきか、事態をどう修復するべきか、私はわからなかった。わかるはずがない。私が何もわかっていないと認めることを、彼らは待っていたのだから。

あの夜、私はアームチェアに体をうずめて指示を出すボスから、満員のリビングに立ちつくす不完全なリーダーになった。アームチェアに座っていた私は、よそよそしくて近寄りがたく、信頼に値しない相手だった。しかし、自宅のリビングルームにいる私は、話しかけやすい正直な人間だった。

自分は不完全だと認めた私は、さまざまなものを得た。

まず、仲間を取り戻した。彼らと共に、苦労しながらスチューデント・メイドを育ててきた。私たちはこの場所を守り、この場所のために戦う。ここで自信を身につけ、自分の問題を自分で解決することを学ぶ。難しい問題と向き合うことも、自分の意見を言うことも、助けることも、恐れる必要はない。

互いに応援して、互いの貢献を認める。自分は大切にされている、支えられていると感じ、自分らしくいられる。より良いリーダーになることを、共に学ぶ。それがスチューデント・メイドという場所だ。

私たちが守ろうとしているものを、私は誇りに思う。清掃のビジネスが私を選んでくれたことに感謝している。私は誇りを持って会社を率いている。自分が心から大切にしている人々に囲まれているという幸運を思い、感情がこみ上げてくるときもある。

しかし、私が何よりも誇りに思うのは、ここまで来た道のりだ。あらゆる困難、つらかった時期、不可能にも思えた状況。私たちは集団で間違いを犯し、そこから学んで、成長してきた。そのすべてが、今のスチューデント・メイドをつくった。

どんな未来が私を待っているのかはわからない。でも、今——はっきりと——わかることがある。どこに行っても、私は次々に失敗するだろう。そして、一歩ずつ進むたびに、私と共に失敗してくれる人がいるだろう。私たちは前に進みながら、学び続け、成長し続けて、共にさまざまな会社を育てていく。

この本を書いたのは、すべてのリーダーに間違いなく不完全なストーリーがあることを伝えるためだ。

あなたの不完全なストーリーを誰かと共有してほしい。そうすれば、自分だけでなく、周囲の人々の失敗も受け入れることができる。

謝辞

1冊の本を書き上げるために、数百室のアパートメントを清掃するのと同じくらい多くの人の力が必要になるなんて、想像したこともなかった。私を助けてくれた、たくさんの人たち。ここでみなさんにお礼を言います。名前を書きそびれてしまった人たち、どうか許してください。そう、私はときどき失敗するから。

家族へ

両親が娘に99ドルのジーンズを買い与えたりしない親であることに、感謝している。父の厳しい愛情が、私という人間をつくった。母、ボブは、どんなときも頼りになる。私の最大のファンであり、私のロールモデルでもある。

妹はクリエイティブな助言をくれて、夜通し付き合ってくれて、困ったことが起きたらすべてを投げ捨てて飛んで来てくれる。おばのテリーは、自分がどのような人間かを思い出させてくれる。彼女のおかげで、私は自分の気持ちに気づくことができる。

愛するスパイロスは、執筆中のスランプで苛立っているときも、私を愛してくれる。この2年間、何を言われても「今は無理。書かないといけないから」と答える私を受け入れてくれた、すべての人に感謝を。みんなの揺るぎない愛と支えは、かけがえのない宝物だ。

スチューデント・メイドの家族へ

大学でジャーナリズムを専攻して編集者になったレイチェルは、私の知る限り、最も才能あふれる言葉の達人だ。彼女がいなかったら、この本は書店に並ばなかった。この本を一緒に完成させるという夢がかなった——ほかの人には理解してもらえないくらい私に我慢してくれて、ありがとう（こんなことは、ここでしか言えないけれど）。またきっと、一緒に書きましょう（私は懲りない性格だから）。

モニクは私たちの旅に加わって以来、超・超強力な接着剤となって、私とリーダーシップ・チームを結び付けている。彼女の揺るぎない支えと献身が、私たちをつなぎ止めている。私の相談役となって、徹夜に付き合ってくれて、モーニングコールを欠かさず、創造力の源でいてくれる。あなたは私のチアリーダーです。アマンダ、マリア、ティム、レイチェルがいてくれるから、私は自分の執筆を優先させて会社のことをすべて任せても、後ろめたさを感じずにいられた。

そして、学生のみなさん。あなたたちがいるから私は会社を良くしたいと思い続けてきたし、信じられないくらい厳しい教訓も学ぶことができた（コートニー、あなたにも感謝している）。「ザ・45」は私に現実を教えてくれて、リーダーシップにこだわり続けるきかっけをくれた。リジーの4万ドルの振り込みミスは、人に失敗させることの大切さを教えてくれた。ケイラは、ときには人を突き放すことが最善の選択になると教えてくれた。エリンは人の話に耳を傾けることを教えてくれた。アビーは7年間ずっと私のそばにいて、最後は自分から去る勇気を見せてくれた。そして、小さな清掃会社で一緒に働く機会を選んでくれたすべての人に感謝を。私たちが試行錯誤しているときもチャンスを与え続けてくれた、すべてのお客様に感謝を。

家族になった友人たちへ

サイモンは私の最愛の親友であり、私と私の夢を力の限り支え、ときには厳しい質問を投げかけて、私には語るべき物語があると気づかせてくれる。あなたのおかげで、私は謙虚さを忘れずにいられる。いつも最高の激励をありがとう。

ジョシュ、あまりに早く逝ってしまったあなたは、自分の弱さをさらけ出すことと、今を大切にすることを教えてくれた。あなたはずっと私の心の中にいる。

私のメンター、リッチは、私たち若いリーダーに惜しみなく時間を割いてくれる。あなたが築いた会社は私の目標であり、スチューデント・メイドのお手本だ。

もう一人のメンター、マーティは、誰かのことを気にかける思いと、その人にとって本当の意味で最善の方法を考えることのバランスを教えてくれる。いつも最初のコールで電話に出てくれてありがとう。

私の大切な友人ダーレンは、何年も前からこの本の話をする私に耳を傾け、すべての章の原稿を（3回ずつ）読んで、つまらないときは臆することなく言ってくれた。

ボブはバリー・ベーミラーのファミリーに私を迎え入れ、自分ならスチューデント・メイドをどうするかを教えてくれた。ローリーは私のヒーローだ。奇跡的に出会ったあなたを、私は絶対に手放さない。電話であなたの声を聞くのがうれしくてたまらない。出会ったその日からいつも、自分が乳がんと闘っているときも、いつも電話の向こうにいてくれる。

ジェンは数え切れないくらい私たちを助けてくれた。聡明なあなたがそばにいると、私まで賢くなった気がする。私たちが道を踏み外しそうになると、あなたがいつも連れ戻してくれる。リチャードとインクウェルのチームは、私たちのアイデアを応援してくれる。

スタート・ウィズ・ホワイのチームは、仲間の素晴らしさを教えてくれた。私は今、旅を続けることが楽しくてたまらない。

ステファニーはこの宇宙で誰よりも忍耐強くて、勇敢な編集者だ。読んでもらいたいと思える本になるまで、締め切りを「何回か」延ばしてくれてありがとう。彼女をはじめペンギンのチームのみなさんの、あらゆる愛情と支えと励ましのおかげで、完璧な私ではなく失敗する私を、こうして綴ることができた。エイドリアンが与えてくれたチャンスのおかげで、温かい言葉と共に出版の契約が実現した。本当に夢のようだ。

そして、読者のみなさん。すべての疑問に答えられないことを承知で、この本を選んでくれてありがとう。

クリステン・ハディード

金曜日の夜に書店で出会った本たち

- ケリー・パターソン、ジョセフ・グレニー、ロン・マクミラン、アル・スウィツラー著、本多佳苗、千田彰　訳『ダイアローグスマート　肝心なときに本音で話し合える対話の技術』(幻冬舎ルネッサンス　2010年)
- メグ・ジェイ著、小西敦子　訳『人生は20代で決まる』(早川書房　2014年)
- トニー・シェイ著、豊田早苗、本荘修二　訳『顧客が熱狂するネット靴店ザッポス伝説』(ダイヤモンド社　2010年)
- ダニエル・ピンク著、大前研一　訳『モチベーション3.0　持続する「やる気!」をいかに引き出すか』(講談社　2010年)
- *The Driving Force: Extraordinary Results with Ordinary People* by Peter W. Schutz (邦訳なし)
- パトリック・レンシオーニ著、伊豆原弓　訳『あなたのチームは、機能していますか?』(翔泳社　2003年)
- ジム・コリンズ著、山岡洋一　訳『ビジョナリー・カンパニー2　飛躍の法則』(日経BP社　2001年)
- デール・カーネギー著、山口博　訳『人を動かす』(創元社　1999年)
- サイモン・シネック著、栗木さつき　訳『リーダーは最後に食べなさい!最強チームをつくる絶対法則』(日本経済新聞出版社　2015年)
- ヴィクトール・フランクル著、池田香代子　訳『夜と霧　新版』(みすず書房　2002年)★ジョシュのお気に入りの本
- *Mess Management: Lessons from a Corporate Hit Man* by Steve M. Cohen (邦訳なし)
- *The Power of Vulnerability: Teachings on Authenticity, Connection, and Courage* by Brené Brown (邦訳なし)
- スーザン・ケイン著、古草秀子　訳『内向型人間の時代　社会を変える静かな人の力』(講談社　2013年)
- スティーブン・R・コヴィー著、フランクリン・コヴィー・ジャパン　訳『7つの習慣』(キングベアー出版　完訳版は2013年)
- サイモン・シネック著、栗木さつき　訳『WHYから始めよ!インスパイ

ア型リーダーはここが違う』（日本経済新聞出版社　2012年）

- トム・ラス、バリー・コンチー著、田口俊樹、加藤万里子　訳『ストレングス・リーダーシップ―さあ、リーダーの才能に目覚めよう』（日本経済新聞出版社　2013年）
- パトリック・レンシオーニ著、矢羽野薫　訳『なぜCEOの転職先が小さなレストランだったのか』（NTT出版　2011年）
- セス・ゴーディン著、勝間和代　訳『トライブ 新しい“組織”の未来形』（講談社　2012年）
- *Wooden on Leadership: How to Create a Winning Organization* by John Wooden and Steve Jamison（邦訳なし）

解説——奇跡を生み出したクリステンの失敗の数々

本荘　修二

私は国内外で起業家のメンターを数多く経験してきましたが、ベンチャー企業はどんな優秀な人が経営者でも、えっ!?　と言うような失敗を必ずやらかします。

とはいえ、考えてみれば起業は誰でもほとんどが初体験で、悪戦苦闘するのが当たり前です。実は、私たちに見えないように失敗は隠されています。

アメリカでも経営者はキレイな成功談を綴ることが多いのですが、日本はというと、失敗が語られることはさらに稀。だから日本では、同じような失敗をたくさんのベンチャー企業が、何度も何度も繰り返しているのが実情なのです。

そこで本書です。本書の原題は"Permission to Screw up"（大失敗してもいい）です。その言葉のとおり内容は、著者であるスチューデント・メイドの創業者兼CEOのクリステン・ハディードが次々とやらかした、失敗のオンパレード。何も知らずに学生から起業した新米経営者が、格好をつけずに自らをさらけ出しています。貴重な経験から、ぜひ学んでほしいところです。

しかもその失敗は、読み進めるほどに面白い。本書に初めて出会ったとき、２０１０年に監訳・翻訳した書籍『ザッポス伝説』を思い出しました。とても似たライブ感とともに、リーダーの人間味あふれる思いがダイレクトに伝わってくるストーリーになっています。あたかも映画のように、ビジュアルに光景が浮かぶような筆致は、読み物として幅広い読者に楽しんでいただけるはず。

もっともスチューデント・メイドは、ザッポスのように１０００億円以上で買収されるような経済的なホームランは打っていません。

しかし、扱いにくいと思われているミレニアル世代の学生たちを集めて、清掃という地味で厳しいビジネスに挑み、「燃える社員・ほほ笑む顧客」を実現したスチューデント・メイドの奇跡は、起業家はもちろん、中小企業から大企業のマネジメント層まで、幅広いビジネスパーソンの興味を引くことでしょう。

例えば、次のような問いに頭を悩ませている経営者や現場のリーダーは、少なくないでしょう。

・若いミレニアル世代が熱中して仕事をする会社にするには？

・儲かりにくく人が定着しない困難な仕事で、元気な組織をつくるには？

言ってしまえば３Ｋ職場です。給料も高くできない清掃というビジネスに、なぜ学生たちが懸命に取り組むのか。しかも成績上位者しか受け付けないスチューデント・メイドに学生が集まるのはなぜなのか。

さらに、スチューデント・メイドの学生たちは、感動の顧客ストーリーを生み出していきます。ある顧客は、死期を悟った病床で、スチューデント・メイドから掃除に来ていた学生に会いたいと家族に懇願します。

やる気のある優秀なミレニアル世代が集まるとともに、顧客を熱心なファンにする。まさに奇跡の会社ではないでしょうか。

でも、どうやってこれを成し遂げたのか？　クリステンは赤裸々に失敗を告白しながら、苦しみながら進んでいく様子を書き綴っています。

もちろん、「燃える社員・ほほ笑む顧客」は、ベンチャーだけでなく、むしろ既存の多くの企業にとって大きな関心事であり、謎でしょう。だからアメリカのグローバル企業のＣＥＯたちが、クリステンの講演になるとこぞって熱心にメモを取るのです。

とりわけ、日本のリーダーたちは学ばねばなりません。社員のエンゲージメント（組織との心の結び付き・貢献意欲）の国際比較で、日本は世界最低ランクなのですから。

私がザッポス本社を訪問したときに、「日本企業はファミリースピリットがあると聞いているし、ウチから学ぶことはないのでは？」と言われたことがありますが、それは過ぎ去った昔のこと。多くの日本企業で組織劣化が進行する一方で、海外や国際的な企業はコツコツと進歩を続けています。

エアビーアンドビーなどアメリカの有力ベンチャー企業では、企業文化をモニタリングすることが常識となってきています。

ザッポスからスピンアウトして生まれた、企業文化支援のコンサルティング会社であるデリバリング・ハピネス社は、大企業や政府を含む世界中の数多くの組織から依頼を受け、組織変革で結果を出しています。

本書は理想の企業文化を持つ組織へと、1歩1歩もがきながら進んだ起業家の奮闘記です。ザッポスに習い、企業文化を重視した経営にどのように取り組んだかについては、1章分ものボリュームが割かれています。しかし、実際にやってみると、例えばコア・バリューに沿った採用と一口に言っても、困った問題ばかり起こることがわかります。

一人ひとりを信じて任せれば、自分で解決するようになり成長するとも言いますが、実際にはそう簡単にはいきません。本書の実例を垣間見るだけでも、企業文化の醸成に取り組む経営者には、ずいぶんと役に立つはずです。

また、新たな組織論が最近、注目されています。ティール組織やホラクラシーといった方法論は素晴らしいのですが、そうした高度な理論にいきなり飛び込むより、著者がぶつかった問題や試してみたマネジメント手法などを参考に、もっと身近なところから理想の組織・チームづくりに挑むほうが、現実に成果が得られる読者が多いのではないでしょうか。

【マネジメント手法の例】

・シット・サンドイッチ（ほめて・注意して・もっとほめる）
・FBI（気持ち・振る舞い・影響）方式の顔を合わせたフィードバック
・個人的なストーリーをシェアするワークショップ
・単に白黒と分けない企業文化を体現する「ザ・ライン」

これらの手法は、すぐできる、直接使えそうなものから、自社に合うだろうかと戸惑うようなものまでさまざまですが、少なからず刺激を受け、ヒントを得ることができるでしょう。

とはいえ、現実は理屈ばかりでは進めません。人間というものは自分自身が非論理的な面を抱えています。クリステンはその典型でしょう。気持ちやガッツフィーリングで動く彼女は、理知的なパートナーと意見が合わず、葛藤します。

私が起業家をメンタリングすると、少なからずこうした人間関係や心の問題に行き当たります。本書から、論理的な部分とともに、こうした人間的側面も読み取れば、さらに深い示唆が得られるのではないでしょうか。

ミレニアル世代といっても、宇宙人ではなく同じヒューマン・ビーイング、つまり「人」です。人を大切にする、企業文化を重んじた会社づくりは、ますます広がっていくでしょう。

一方で「企業文化に取り組みたいが、自社でどう手を打てばいいか想像もつきません」という声もあります。さらにその実践となると、簡単には事は運ばないのです。

本書は、最高の企業文化をつくろうと努力したもののうまくいかず、苦心したナマの実例です。壁の越え方について必ずやヒントになるのではないでしょうか。

クリステンは学び上手です。初めて出会った人との交わりや書籍から学んだ知識、それらから得た知恵を実践して体得した教訓など、彼女の学びの旅を共有することで、読者も成長できることでしょう。

日本では、失敗は恥とか、忘れろとも言われますが、一方で失敗は成功のもと、とも言います。クリステンの失敗と七転び八起きのストーリーから学び、1日も早く失敗上手になることをお勧めします。

2019年1月

［著者］
クリステン・ハディード（Kristen Hadeed）
スチューデント・メイド創業者でCEO。2009年フロリダ大学在学中に、学生のみを雇用する清掃サービス会社「スチューデント・メイド」を起業。彼女が大学生として始めたビジネスである同社は、数百人の人材を雇用するまでに成長しており、業界をリードする離職率の低さ、信頼性、責任感、エンパワーメントの文化が全米で知られる。スチューデント・メイドで仕事をした学生の多くは、自分のビジネスを起業し、世界中の企業で非常に重要なポジションに就職している。スチューデント・メイドは主要メディアで次々と紹介され、著者には同社の成功から学びたいと講演依頼が全米の組織から殺到。現在は、スチューデント・メイドの経営のかたわら、人々に永続的かつ意味のあるインパクトを与える支援をする目的で多くの講演や研修などを行う。

［監訳者］
本荘修二（ほんじょう・しゅうじ）
新事業を中心に、日米の大企業・ベンチャー・投資家等のアドバイザーを務める。多摩大学（MBA）客員教授。Net Service Ventures、500 Startups、Founder Institute、始動Next Innovator、福岡県ほかの起業家メンター。BCG東京、米CSC、CSK/セガ・グループ大川会長付、米投資育成会社General Atlantic日本代表などを経て、現在に至る。『エコシステム・マーケティング』（ファーストプレス）など著書多数。訳書に『ザッポス伝説』（ダイヤモンド社）、web連載に「インキュベーションの虚と実」「垣根を超える力」などがある。

［訳者］
矢羽野薫（やはの・かおる）
会社勤務を経て翻訳者に。慶應義塾大学法学部卒。主な訳書に『ヤバい統計学』『ナンバーセンス』（CCCメディアハウス）、『マイクロソフトでは出会えなかった天職』（ダイヤモンド社）、『ワーク・ルールズ！』（共訳・東洋経済新報社）、『なぜCEOの転職先が小さなレストランだったのか』（NTT出版）などがある。

離職率75%、低賃金の仕事なのに才能ある若者が殺到する
奇跡の会社
――スチューデント・メイドだけが知っている社員全員で成長する方法

2019年2月13日　第1刷発行

著　者――クリステン・ハディード
監訳者――本荘修二
訳　者――矢羽野薫
発行所――ダイヤモンド社
〒150-8409　東京都渋谷区神宮前6-12-17
http://www.diamond.co.jp/
電話／03·5778·7232（編集）　03·5778·7240（販売）
装丁・本文デザイン――デザインワークショップジン　　DTP――中西成嘉
製作進行――ダイヤモンド・グラフィック社
印刷――信毎書籍印刷（本文）・加藤文明社（カバー）　製本――加藤製本
編集担当――木山政行

ISBN 978-4-478-10479-8